LA BRETAGNE

Du même Auteur.

LA VENDÉE. — Le pays, les mœurs, la guerre. — Un vol. in-8.

LES TROIS RACES. — Les Anglais, les Allemands, les Français. — Un vol. in-12.

L'EXPOSITION UNIVERSELLE DES BEAUX-ARTS, 1855. — Un vol. in-8.

LES DERNIERS ORATEURS, 1848-1852. — Un vol. in-12.

LE SALON DE 1857. — In-8.

ÉTUDE SUR LES ŒUVRES DE NAPOLÉON III (Extrait du *Constitutionnel*). In-8.

LES VICTOIRES DE L'EMPIRE. — 5e édition. — Un vol. in-12.

LES PÈRES DE L'ÉGLISE. — Choix de lectures morales. — Un vol. in-12.

LA
BRETAGNE

PAYSAGES ET RÉCITS

PAR

EUGÈNE LOUDUN

La Bretagne, le pays des bons prêtres,
des bons soldats et des bons serviteurs.

PARIS

P. BRUNET, LIBRAIRE-ÉDITEUR

31, rue Bonaparte

—

1861

PRÉFACE

À une époque où les nations européennes se transforment si rapidement et tendent à une unité qui leur imprimera une physionomie uniforme, c'est un spectacle digne d'intérêt que celui d'un peuple qui a gardé son caractère propre, et, au milieu d'un changement général, est demeuré le même. C'est le spectacle que présente la Bretagne.

Non pas que la Bretagne ait été entièrement insensible au mouvement qui emporte le reste du monde; depuis près d'un siècle déjà, elle a subi

de nombreuses altérations. Des cinq départements
bretons, le Finistère presque seul a conservé intacts ses costumes et sa langue; il est le plus éloi-
gné, le bout de la terre, comme le dit son nom;
le progrès moderne ne l'a pas encore atteint.
Ailleurs, dans l'Ille-et-Vilaine, les Côtes-du-Nord,
le Morbihan même, le pays du combat des Trente,
des pèlerinages et des chouans, les hommes presque tous ont quitté la braie celtique pour le panta-
lon des villes; il n'y a plus que les femmes qui
portent encore l'antique costume et la coiffure pittoresque. C'est que la femme, gardienne du foyer,
est aussi celle qui abandonne la dernière les anciens usages et les traditions de la famille; dans
le costume elle met du sentiment; le quitter, c'est
rompre avec le passé, avec sa race et ses aïeux :
quand toutes les femmes d'un pays ne tiennent
plus à leur costume, ce pays ne mérite plus de
nom particulier, il en change.

La langue s'est un peu mieux maintenue; on
la parle encore dans les bourgs et les villages;
c'est en breton que se fait le prône le dimanche,

en breton l'allocution du recteur aux mariés. Déjà aussi, pourtant, la vieille langue se perd : le bourgeois des villes ne la comprend plus; le paysan parle le breton et entend le français; ses rapports journaliers avec l'étranger lui ont appris la valeur de ce nouvel idiome. Chaque jour, s'en va un de ces vieux Bretons qui ne parlaient que la vieille langue, et il n'est pas remplacé. Il ne se reverra plus, ce temps où deux troupes de Bretons ennemis, de la Grande et de la Petite-Bretagne, s'arrêtaient tout à coup sur le champ de bataille, entendant résonner des deux côtés les mots de la même langue, et se reconnaissaient et s'embrassaient. frères de la même race, issus de la même terre (1). Dans les cimetières qui ceignent toutes les églises de campagne, on ne voit plus que rarement sur les tombes nouvelles une inscription en langue bretonne ; elle disparaît aussi, cette coutume nationale qui distinguait le paysan breton jusque dans la

---

(1) C'est ce que l'on vit au xviiie siècle, dans un combat où se rencontrèrent face à face des Bretons armoricains et des Bretons du pays de Galles.

mort, qui l'isolait des étrangers indifférents et réservait pour ses enfants seuls la connaissance de sa vie et de son nom. Bientôt cet âpre et poétique langage sera devenu le domaine des savants et l'occupation des académies, et, déjà, comme cédant à un fatal pressentiment, un pieux et noble fils de l'Armorique s'est empressé de recueillir les poésies de ses bardes (1), chants mélancoliques de prochaines funérailles, voix des ancêtres qui ne sera plus comprise de leur postérité muette.

Ainsi se modifient ou s'effacent les traits extérieurs de ce vieux peuple, et le chemin de fer qui s'avance, prêt à lancer ses wagons comme une flèche au cœur de l'Armorique, consommera le changement : il ne faut pas s'en étonner ; les costumes, les villes, la langue, les institutions, formes variables, peuvent être ou ne pas être ; mais ce qui n'a pas changé en Bretagne, c'est ce qu'il y a de plus intime dans un peuple, la religion, et la religion est l'essence du génie breton. Les sauva-

______

(1) *Chants bretons*, publiés par M. H. de la Villemarqué.

ges comme les Turcs, dit Chateaubriand, n'étaient attentifs qu'à mes armes et à ma religion ; les armes, qui protégent le corps de l'homme, la religion qui est son âme même. C'est à ce point de vue que la Bretagne a été peinte dans ce livre; la Bretagne est religieuse, c'est ce qui fait qu'elle est encore la Bretagne.

LA BRETAGNE

I

Foi et poésie des Bretons.

Le Grand-Bé. — Les croix. — Les églises. — Les clochers.

La baie de Saint-Malo est toute parsemée de rochers sur lesquels on a construit des forts qui protégent la ville de leurs feux croisés ; le Grand-Bé est un de ces îlots ; naguère il était armé de canons ; aujourd'hui, le fort abandonné tombe en ruines, et, à l'extrémité de son cap, de loin on aperçoit une croix se dessinant sur l'azur du ciel. Cette croix attire tous les regards, et c'est vers cette croix, dès que la mer basse laisse à découvert la grève de sable et de granit, que tendent les pas des voyageurs.

Après avoir monté une pente raide et âpre, on atteint un plateau nu, aride, où quelques moutons trouvent à peine à brouter une herbe rare ; on tourne à travers un défilé de rochers, et, sur la pointe la plus escarpée, tout à coup on se trouve devant une pierre et une croix de granit. C'est le tombeau de Chateaubriand.

Il n'est pas de plus poétique tombeau : adossé au vieux monde, il regarde le nouveau ; il a sous lui l'immense mer, et les vaisseaux passent à ses pieds ; point de fleurs, point d'herbe alentour, pas d'autre bruit que le bruit de la mer incessamment remuante, qui, dans les tempêtes, couvre cette pierre nue de l'écume de ses flots.

Là, il avait choisi sa dernière place, là, les discours s'échangent : on se demande quelle pensée l'inspira quand il déclara ne vouloir même pas que son nom fût inscrit sur sa tombe. Ceux-ci y voient un sentiment d'humilité, ceux-là d'orgueil ; il y a, ce me semble, l'un et l'autre, et cette humilité et cet orgueil ont une même source, un grand désenchantement. Cet homme qui avait vu tant de projets avortés, tant d'ambitions déçues ; ce voyageur qui avait parcouru l'univers, visité l'Orient, berceau de l'ancien monde, et les déserts de l'Amérique où naît le monde nouveau ; ce poëte qui pouvait compter les cycles de sa vie par les révolutions, était envahi, à la fin de ses jours, par une tristesse sans repos. Lui qui, dans sa jeunesse, avait préludé par des Considérations sur les révolutions, il se complut, en ses dernières années, à écrire la Vie du réformateur de la Trappe ; le silence et la solitude du cloître étaient en harmonie avec la tristesse de son âme. Après avoir été chargé des plus importantes missions, avoir rempli les plus hauts emplois, vu à l'œuvre les hommes les plus habiles et les plus puissants, une fois retiré du cercle tournoyant du monde, il avait été pénétré d'une accablante vérité : combien peu vaut l'homme, combien peu il fait, combien moins encore il réussit en ce qu'il tente. Ce qui cause la joie, l'orgueil, l'enivrement du monde, le faisait sourire ; il avait pour tous les hommes un égal dédain, et ce dédain il ne s'en exceptait pas lui-même ; il savait, selon le mot d'un ancien, qu'il y a peu de différence d'un homme à un autre homme (1).

Par humilité donc, il ne veut pas sur son tombeau d'inscription, pas de nom : qu'importe qui lira son nom ! les hommes sont petits, et il est l'un d'eux ! — Mais, par orgueil aussi, il veut une pierre nue : cette pierre, elle sera visitée des voyageurs de toutes contrées ; ils viendront la regarder, et diront : *Chateaubriand !* Ce nom, il sera prononcé sur les flots par ceux qui arrivent et par ceux qui partent pour les régions lointaines ; il prétend obliger les hommes à savoir qui il est.

Ainsi, ô instabilité continue de l'âme humaine ! en lui s'unissent les sentiments les plus contraires, le désenchantement de la gloire, et la croyance en l'immortalité d'un nom ; le dédain du scepticisme, et la soif des applaudissements ; une impression d'humilité de chrétien, et un instinct de souverain orgueil.

La vérité, pourtant, est là : cette croix, signe de

____

(1) Thucydide.

l'éternité sur cette pierre marque de la mort, est l'immuable témoignage de l'inanité de l'orgueil humain. Mais elle a aussi une autre signification : Chateaubriand ne voulut sur son tombeau qu'une croix, de même que Lamennais, son compatriote, ordonna qu'elle ne fût pas plantée sur le sien, tous deux obéissant à la même préoccupation, dans la négation comme dans la foi. La croix, dominant la tombe où repose le poëte breton, est le symbole du génie de sa patrie, de la catholique Bretagne.

La foi, en Bretagne, a un caractère particulier, elle s'allie à une poésie propre au génie breton : les objets matériels parlent en ce pays, les pierres s'animent, les campagnes ont une voix qui révèle l'âme de l'homme conversant avec Dieu. Ce n'est pas une imagination, personne ne s'y peut tromper : dès que l'on entre en Bretagne, la physionomie du pays change, et le signe de ce changement est la croix. Sur les chemins, à tous les carrefours, s'élève une croix. Il y en a de toutes les époques, depuis le xiie siècle jusqu'au xixe ; il y en a de toutes les formes ; là, simples croix de granit exhaussées de quelques marches ; ici, croix portant sur leurs deux faces l'image du Christ et de la Vierge, sculptures grossières, mais toujours empreintes d'un sentiment sincère. La sainte Vierge, les Bretons ne comprennent pas seulement sa tendresse, ils sentent sa douleur, ils la partagent, ils l'expriment avec une énergique vérité. Voyez ce tableau de la Vierge tenant son fils mort sur ses genoux, dans l'église de Saint-

Michel, à Quimperlé; c'est une peinture primitive, par une main inhabile qui ignorait les ressources de l'art; le dessin en est incorrect; mais quelle expression de douleur! Le peintre voulait rendre la vive souffrance de la mère : la bouche est tordue, les yeux sont fixes, la prunelle est presque seule indiquée ; cette fixité du regard est saisissante, elle vous arrête, on reste là à regarder, on oublie que c'est une représentation, on voit la Vierge elle-même, immobile dans sa douleur, ne pouvant plus exprimer sa plainte, comme pétrifiée, et pourtant vivante.

A côté, appuyée contre le mur, est placée une statue de la Vierge, conçue au contraire dans un sentiment délicat et tendre : elle a cette attitude penchée, cette tête inclinée, ce doux regard de la mère qui appelle à soi le pécheur. Sa robe tombe sur ses pieds en plis nombreux, le manteau l'enveloppe avec une grâce harmonieuse ; car ce n'est plus la Vierge de douleur, c'est la consolatrice du genre humain, tenant son fils entre ses bras, qu'elle présente à la terre pour la bénir, Notre-Dame de *Bot scao*, la Vierge de Bonne-Nouvelle.

On connaît la foi des marins à la sainte Vierge, des marins bretons particulièrement. A Brest, on cherche en vain un musée de tableaux : Brest n'est pas une ville d'art; on y respire comme un souffle de guerre ; le port rempli de grands vaisseaux, l'arsenal et ses canons, ses boulets, ses ancres gigantesques, les forts dressés sur les rochers, le mouvement animé des rues où vont et viennent des soldats de toutes armes, des matelots arrivant de tous les points du monde, tout a le caractère précis, positif et puissant de la réalité du moment : l'homme a enfoncé dans le roc les pieds de granit de sa demeure, on dirait qu'il y est inébranlablement fixé.

Mais, montez un des escaliers qui mènent de la ville basse à la ville haute, et, sous une voûte, vous trouverez quatre tableaux appendus à la muraille; c'est là le musée de Brest, des tableaux de marine dédiés à la sainte Vierge : le départ du navire; les femmes et les enfants sur la grève, à genoux, pendant la tempête; le vaisseau ballotté par les orages, et les bras des matelots tendus vers le ciel; et, au retour, les marins sauvés s'acheminant, un cierge à la main, vers la chapelle de Notre-Dame. Et, au-dessous, des légendes touchantes, cris de l'âme qui implore, s'humilie ou rend grâces : *Sainte Vierge, secourez-nous ! — Sainte Vierge, secourez ceux qui sont en mer !* Voilà l'homme avec sa faiblesse, son aspiration et son espérance, l'homme vrai : le reste n'était qu'apparence.

Ils saisissent toutes les occasions, ils se servent de tous les prétextes pour témoigner de leur foi : à Saint-Aubin d'Aubigné, entre Rennes et Saint-Malo, vous longez une haie touffue, ils ont taillé une croix dans une épine, une croix qui verdit au printemps, parmi les églantines et les roses (1). Vous revenez de visiter

____

(1) On voit aussi, à Saint-Vincent-lès-Redon, un arbre taillé en forme de croix.

la lande de Carnac, cette lande pâle et désolée où les pierres debout s'alignent par milliers à perte de vue, sphinx gigantesques et silencieux qui gardent depuis vingt siècles leur impénétrable secret ; quelle est cette croix qui s'élève sur une éminence ? C'est une croix qu'ils ont plantée sur un dolmen isolé dans la lande, la croix sur un autel druidique, en avant de cette armée de pierres qui marquent peut-être le cimetière d'un grand peuple.

Ailleurs, au carrefour d'une route, près de Beauport, une source jaillit et s'écoule entre les rochers, à la fois fontaine et lavoir : sur les pierres amoncelées, une niche dessine son arcade enserrant une Vierge couronnée de fleurs : alentour, les liserons des champs, les pervenches et les églantiers ont poussé dans la mousse et les herbes, et enlacent la rustique chapelle de leurs festons fleuris qui retombent sur l'enfant Jésus. Vis-à-vis, s'étendent les champs d'ajoncs verts ; par-dessus leurs longues tiges raides apparaissent les murs à demi détruits d'une vieille abbaye, sans toit, ouverte au ciel, silencieuse, et, par ces ogives noircies, on aperçoit la mer bleue qui s'enfonce à l'horizon, et dont on entend la rumeur prolongée, incessante, qui emplit les champs et les airs.

Dans ce pays catholique par excellence, toutes les églises sont remarquables : il n'est si petit village dont l'église n'ait quelque partie intéressante, ou une de ces chaires extérieures, devenues si rares, et que l'on voit encore à Guérande et à Vitré, engagées dans la mu-

raille, et d'où le prêtre, dans les temps de mission, en
certaines circonstances extraordinaires, parlait aux
peuples assemblés sur la place; ou une voûte entièrement peinte, comme à Carnac et à Kernascleden; ou
des médaillons de pierre et de bois encadrant l'autel
de naïves sculptures dorées, à Roscoff, à Crozon, etc. ;
ou un tabernacle composé comme un monument architectural, une sorte de palais en miniature avec ses
corps de logis, ses pavillons, ses colonnes, ses dômes,
ses galeries, ses statues (à Rosporden); un confessionnal
antique (dans une petite chapelle près de Châteaulin) ;
un baldaquin sculpté en bois ou même en cristal (à
Landivisiau) ; ou bien quelque objet particulier, tel que
cet ornement bizarre qui n'existe plus que dans une
seule église, la *roue de bonne fortune*, de Notre-Dame
de Comfort, sur la route du bec du Raz. C'est une
grande roue suspendue à la voûte de l'église et tout
entourée de clochettes ; aux jours de fêtes solennelles,
pour les noces ou les baptêmes, on fait tourner la
roue, et toutes ces clochettes agitées forment un
bruyant carillon qui règle la marche de la procession,
et accompagne de son timbre argentin et joyeux la
voix des jeunes filles, chantant des cantiques à la
sainte Vierge. Ou bien, enfin, c'est un de ces troncs,
grossiers piliers équarris, ais de chêne bardés de
larges bandes de fer, placés au milieu de l'église,
à côté du catafalque de bois noir semé de larmes
blanches; le tronc et le cercueil, qui rendent sen-
sibles à tous les yeux à la fois la fragilité de la

vie, et le principe chrétien par excellence, la charité.

Les églises des villes ont parfois de véritables chefs-d'œuvre, les cloîtres de Tréguier et de Pont-l'Abbé, par exemple, dont les arcades sont si sveltes et si finement découpées; ou les bas-reliefs intérieurs du portail de Sainte-Croix à Quimperlé, vaste page de pierre sculptée avec cette délicatesse et cette richesse d'invention, qualités charmantes de la jeunesse, qui furent celles de la Renaissance. Puis, dans toutes les églises, près de l'autel, vous apercevez tout d'abord la statue peinte du saint de la paroisse, un de ces saints bretons que l'on ne trouve pas ailleurs : saint Cornély, saint Guénolé, saint Thromeur, saint Yves surtout. Saint Yves a le privilége d'être représenté dans presque toutes les églises, même celles dont il n'est pas le patron; le souvenir de ce grand homme de bien, de ce savant prêtre, de ce juge incorruptible est resté vivant dans le cœur des Bretons. Partout vous le voyez en robe de juge, la toque sur la tête, entre deux plaideurs, le seigneur richement vêtu, en habit de velours rouge, tout doré, avec la grande perruque, les bas de soie et l'épée, et le pauvre paysan, tout déguenillé, des trous aux coudes et aux genoux, et pieds nus dans ses sabots. Le grand seigneur, l'air fier, suffisant, le chapeau sur la tête, présente au saint une bourse d'or; le paysan, le regard et l'attitude timides, la tête basse, le bonnet à la main, attend humblement la sentence. Il n'a rien à donner, mais la justice ne lui fera pas défaut. Saint Yves se tourne vers lui avec un bon sou-

1.

rire, et lui tendant l'arrêt écrit sur un parchemin, lui donne gain de cause. C'est toute l'histoire du moyen âge, les trois ordres vis-à-vis l'un de l'autre : l'Église protégeant le paysan, le faible, contre le noble et le puissant.

Quant aux monuments proprement dits, nulle part on ne rencontre davantage de ces belles églises du moyen âge, témoignage de la piété, de la science et du goût de cette forte époque. Ici la cathédrale de Dol, du meilleur temps de l'art gothique, du xiiie siècle, imposante par sa masse, sa grandeur, la noble simplicité de ses ornements, l'harmonie de ses proportions ; le granit de ses tours a pris, par la suite des siècles, à l'air de la mer, une couleur de rouille, on les dirait bâties de fer ; là, Tréguier et ses boiseries exquises, bancs, autels, stalles, lutrin en chêne noir et brillant, découpés d'un dessin net et fin, avec une inépuisable variété ; pas un balustre qui se ressemble ; il y a de quoi fournir des modèles à tous les sculpteurs de notre temps ; plus loin, Saint-Pol de Léon et sa flèche de granit, audacieuse et svelte, prodige d'équilibre, inébranlable, ceinte de galeries à jour comme de gracieuses couronnes, élançant au ciel ses clochetons aux pointes aiguës, toute découpée, aérienne, un des joyaux de la Bretagne, et que les Bretons nomment avec un légitime orgueil ; et le Folgoat, un petit village inconnu, au nord de Brest, perdu à l'extrémité de la presqu'île, il faut se détourner de toute route pour le trouver ; mais dans ce pauvre village, deux princes bretons, le duc

Jean III et la duchesse Anne, ont construit une église
royale, y accumulant tout ce que l'art gothique en sa
floraison la plus riche, uni aux caprices les plus ingénieux de la Renaissance, a imaginé de plus délicat et
de plus éclatant : portraits sculptés, statues d'un beau
style, où déjà se reflète l'antiquité, chœur ogival tout
ciselé, et un jubé (on sait combien sont devenus rares
ces gracieux et originaux monuments du catholicisme),
un jubé de dentelle, où trèfles, rosaces, rinceaux, sont
taillés du ciseau le plus ferme dans un granit bleu in-
destructible. Le marteau de la Révolution n'a détaché
que des fragments insignifiants de ces belles pierres
si purement travaillées. Après avoir résisté aux folles
passions des hommes, elles semblent pouvoir défier le
temps.

Il faudrait dire aussi les clochers de formes si variées,
les clochers à pans coupés de la Renaissance, de la Ro-
che-Maurice-lès-Landerneau, de Landivisiau, de Ploaré,
de Pontcroix, de Roscoff, accostés de petits et légers
clochetons et ornés de balustrades à deux étages,
comme les minarets de l'Orient ; les flèches élevées le
long des côtes, celle de Tréguier, par exemple, percée
à jour pour laisser passer les grands vents de la mer,
constellée de croix, de roses, de petites fenêtres, de
croisillons, d'étoiles, comme un chapeau de magicien.
Puis, les bénitiers exprimant toujours le caractère de
l'époque : à Dinan, dans une église du xiie siècle, une
cuve massive, énorme, que quatre chevaliers armés de
toutes pièces supportent de leurs larges gantelets de

fer ; car le XIIe siècle est le temps des croisades, de la chevalerie au service du Christ (1). Dans une église du XVe siècle, au contraire, à Quimper, une élégante petite colonnette, autour de laquelle s'enroule une fine guirlande de pampres, et au-dessus, un ange qui ploie ses ailes comme s'il descendait du ciel et se venait poser au bord de la coupe d'eau consacrée. Ou bien, et inspirés par un sentiment plus chrétien encore, les bénitiers extérieurs, si communs dans toute la Bretagne, et dont les plus remarquables sont à Landivisiau, à Morlaix, à Quimperlé ; le bénitier intérieur n'est qu'un accessoire ; le bénitier extérieur, isolé en avant de la porte, a une signification plus précise : il dit où l'on va entrer, il sollicite un premier mouvement de l'âme : le chrétien, en avançant la main vers le vase bénit, s'arrête, son cœur se recueille et se prépare. Les architectes bretons ont bien compris cette grave pensée de la religion : les bénitiers extérieurs sont de véritables monuments, des sortes de petites chaires, le bassin décoré d'emblèmes, de symboles, de têtes d'anges enveloppées de leurs ailes ; le dais élancé, ciselé, d'où pendent les pointes effilées d'une broderie de granit, et, sous le dais, debout, toujours la Vierge souriante, qui semble inviter le fidèle à entrer dans la maison de la prière.

(1) Il y a un bénitier semblable à Corseul.

II

Foi et poésie des Bretons (suite).

Saint-Thégonec. — Les cimetières. — Les calvaires. — Cast.

Il n'est pas besoin de parcourir toute la Bretagne pour avoir une idée de ces œuvres de l'architecture embellie par la foi : dans un petit bourg, à Saint-Thégonec, entre Morlaix et Landerneau, église, chapelle funéraire, sculptures, crypte, calvaire, tous les types de l'art chrétien de Bretagne, se sont comme donné rendez-vous.

Les cimetières bretons se ressemblent tous ; presque partout ils entourent l'église ; ceints d'un petit mur bas, souvent ils n'ont pas même de portes ; une grille de fer, posée à plat sur un petit fossé, suffit pour interdire aux bestiaux l'accès de la demeure des morts (1). Une croix, un calvaire où sont représentées des scènes de la Passion, quelquefois la statue agenouillée d'un pasteur regretté, image vénérée qui rappelle ses vertus à ses fidèles paroissiens (à Goueznou), voilà les seuls monuments de ces cimetières des villages bretons ; les

_____

(1) A Goueznou, à Plabennec, etc.

tombes sont marquées par de petits tas de terre, serrés l'un contre l'autre avec une croix dessus. Une pierre recouvre quelques-unes de ces tombes, et, dans la pierre, on a creusé comme une petite coupe où s'amasse l'eau du ciel, et dont la mère, le fils, l'ami, aspergent la tombe lorsqu'ils viennent s'agenouiller et prier pour celui qui est couché dans la terre (1). Ces cimetières, placés au milieu des bourgs et des villages, ont peu d'étendue, il faut un petit nombre d'années pour que ces champs de la mort soient comblés des corps des générations éteintes ; les morts bientôt sont exhumés pour faire place aux nouveaux venus : dans quelques villages alors, à Plouha, les fils, après avoir déterré les os de leurs pères, ont dressé, le long de la façade de l'église, les pierres des tombes, pierres debout qui ne recouvrent plus aucun corps, froids témoignages d'un souvenir qui de jour en jour va s'effaçant. Ailleurs, et le plus souvent, on a construit, à côté de l'église, une chapelle funéraire, et là on a recueilli les os des morts exhumés : si l'on jette un regard à travers l'étroite ogive qui s'ouvre sur ce charnier sombre, on aperçoit un énorme amas d'ossements, entassés et mêlés comme des brins de paille ; ce sont les hommes qui ont marché sur terre, solitaires et délaissés jusqu'au jour de la résurrection éternelle.

(1) On voit aussi, en Algérie, de petites coupes creusées dans les pierres sépulcrales des musulmans ; mais cette eau ne sert qu'à désaltérer les oiseaux ou à arroser les fleurs qui ornent la tombe.

Mais , à Saint-Thégonec, un sentiment plus respectueux ou plus tendre a voulu du moins conserver intacte une partie de ces corps arrachés à la terre. Avant d'entrer dans l'église, on est frappé d'un spectacle inattendu : à toutes les saillies du bâtiment, sous les porches, sur la corniche antérieure, sont alignées, accrochées, suspendues l'une à l'autre, une multitude de petites boîtes comme un chapelet ; ces petites boîtes, surmontées d'une croix, sont des cercueils, elles renferment le crâne des ancêtres, la tête, ou, selon le mot expressif de la vieille langue, le *chef*, ce qu'il y a de plus noble en l'homme et qui semble le résumer. Une inscription indique la date et le nom :

Ci gît le chef de....

On le voit par une petite ouverture en forme de cœur, autre symbole touchant. Ce sont les archives funèbres des familles, non renfermées dans la maison où l'habitude les eût fait oublier, mais à l'ombre de l'église, devant lesquelles les générations nouvelles passent et se découvrent, le dimanche en venant prier (1).

Çà et là, sur la corniche, exposés à l'air, gisent quelques crânes de morts qui n'ont pas eu de famille et à qui l'on n'a pas donné de cercueil, verdis, les yeux pleins de gravier, à travers lesquels pointent des brins d'herbe, souvent penchés l'un vers l'autre, ce-

---

(1) A Locmariaker, ce ne sont pas seulement des cercueils à têtes, mais des petits cercueils en miniature qui contiennent tous les os, et qui sont empilés l'un sur l'autre dans l'ossuaire, comme des ballots.

lui-là appuyé peut-être sur celui qui fut son ennemi en ce monde.

Après avoir passé entre ces deux rangs de cercueils suspendus, on entre dans l'église, et cette église est comme un résumé de toutes les églises bretonnes : tout s'y trouve, élégant bénitier, boiseries sculptées, chaire en bois, d'un travail merveilleux, chef-d'œuvre de la fin de la Renaissance, une des plus belles chaires de Bretagne ; tableaux en bois, à fermoirs peints, pyramide de patriarches, de rois et de prophètes de l'Ancien Testament, montant de la terre au ciel, jusqu'à la sainte Vierge ; voûte d'or et d'azur au fond tout étincelant ; le chœur, l'autel et les chapelles latérales, chargés de statues, colonnes torses, têtes d'anges, fleurs, guirlandes, dorées et peintes de toutes couleurs, un ruissellement d'or, de verdure, de rouge éclatant et d'azur.

De cet ensemble reluisant et vivant, une porte seule, sur le côté, se détache haute et nue ; pas de sculptures, pas d'ornement ; les pierres suintent l'humidité ; les assises qui ont pris une teinte noire, séparées par un ciment blanc, ont un aspect lugubre ; c'est comme un grand voile de deuil tendu dans un coin ; et, en effet, c'est la porte des morts. Vous l'ouvrez, et vous vous arrêtez ébloui : c'est là le cimetière, et, dans le cimetière, devant vous, à droite, à gauche, une réunion inattendue de monuments : sous le porche où vous êtes, des deux côtés, les statues alignées des douze Apôtres ; en face, une large porte à trois arcs, d'un style imposant, la porte du cimetière, et l'on dirait d'une arche triomphale, comme si ces Bretons avaient voulu marquer que celui qui passe sous cette porte, couché dans le cercueil, entre non dans la terre, mais dans la vie éternelle, le séjour de la joie et de la gloire ; à droite, une chapelle funéraire, du même temps que le Louvre de Henri IV, décorée, sculptée du bas en haut, comme une châsse immense taillée en granit ; enfin, à gauche, monument capital entre tous ces monuments, le Calvaire, un de ces calvaires compliqués, tels qu'on n'en trouve qu'en Bretagne, un peuple de statues, quatre-vingts ou cent personnages en pierre, dans les attitudes les plus naturelles et les plus naïves, disciples, prophètes, saintes femmes, larrons sur leurs gibets, gardes sur leurs chevaux, et, dominant toute cette foule, l'arbre de la croix, colossal, à plusieurs étages, croix sur croix, aux branches chargées de statues, la Vierge, saint Jean, les gardes, et, tout au faîte, le Christ, les bras étendus sur le monde et les yeux au ciel ; et les anges, suspendus dans les airs, recueillant dans des coupes le sang précieux de ses mains (1).

Et ce n'est pas tout : entrez dans la crypte de la chapelle funéraire ; et là, vous vous trouverez en face d'un autre chef-d'œuvre, l'ensevelissement du Christ, exé-

____

(1) Les calvaires de Plougastel et de Pleyben, bourgs si remarquables du reste par leur belle église, sont plus compliqués et plus grands, mais non d'un effet plus saisissant.

cuté dans des proportions colossales, cette scène qui a inspiré de tout temps les plus grands artistes. Ces statues sont peintes, et ici la peinture, au lieu de diminuer l'impression, la complète, en donnant à ces personnages si vivement émus l'apparence même de la vie : vous les entendez crier, vous voyez leurs larmes sur leurs visages pâlis ; la Vierge, les lèvres pressées sur les pieds livides de son divin Fils, la Madeleine bouleversée par la douleur, belle encore au milieu des pleurs qui inondent son visage : vous devenez acteur en cette scène passionnée, vous êtes saisi, pour ainsi dire, par la réalité, le coup de leurs souffrances vous frappe au cœur, et, ébranlé jusqu'au plus profond de l'âme, vous êtes étonné de sentir des larmes qui coulent de vos yeux.

Et quand on songe que ces œuvres d'art religieuses sont répandues avec la même profusion dans toute la Bretagne ; que, dans les bourgs les plus éloignés de toute route et de tout centre, à Saint-Herbot, dans les montagnes Noires, dans un pays de landes, à Saint-Fiacre, qui n'est qu'un petit village voisin du Faouet, moins même qu'un village, un misérable hameau de cinq ou six maisons, dans la chapelle de Rozegrand, près de Qimperlé, modeste manoir qui mérite à peine le nom de château, on rencontre des jubés de bois sculpté, peints, dorés, chargés de centaines de personnages, et dont s'enorgueilliraient les plus riches églises, œuvres admirables qui reproduisent avec une abondance infinie l'histoire, les prodiges et les mystères de la religion, et conservent chez le peuple et raniment et accroissent l'ardeur de la foi, on ne peut s'empêcher de se demander : Quelle est donc la cause de cette multitude d'ouvrages d'art qui ont surgi sur toute la surface de ce sol, et quelle force a donné aux auteurs de ces œuvres tant de qualités si rares : fécondité d'invention, vérité du geste, expression de la physionomie, sentiment vrai et profond de ces scènes divines? Dans tous ces monuments du moyen âge, c'est la même vérité, la même puissance d'imagination ; jamais l'artiste ne se répète, il ne se lasse pas, il ne semble pas avoir cherché, comme un musicien qui a une multitude d'airs dans la tête ne s'arrête sur un motif que le temps de l'exprimer avec une vivacité rapide, et passe à un autre et vous entraîne dans sa course inspirée.

Il y a une cause, en effet, à cette puissance de création : cette société, comme un homme qui est parvenu à sa maturité, avait accompli tous les travaux nécessaires au but qu'elle devait atteindre. Les premiers siècles l'avaient préparée, elle s'était dégagée des langes de l'antiquité, sa langue était faite, ses idées religieuses arrêtées ; la république chrétienne est logiquement constituée, elle a son unité. Ce peuple, alors, est dans la complète possession de sa force ; il ne lutte pas pour créer ; il n'est pas tiré en sens divers par plusieurs penchants contraires ; il n'est pas emporté par ce souffle capricieux et déréglé que l'on ne dirige pas, mais qui vous pousse, qui naît du désordre des idées et que notre temps a justement appelé d'un nom nouveau, la *fantaisie*. Les âges précédents ont cherché, amassé, rapproché ; tous les matériaux sont prêts sous sa main ; il n'a plus qu'à les prendre : c'est le génie même de l'époque qui, libre et aisé, produit et se joue en mille formes, et, comme un vase rempli, n'a qu'à s'épancher pour faire déborder ses trésors. Alors l'imagination partout éclate, vive et colorée ; un même esprit, dans les monuments d'art comme dans la littérature, crée les ornements variés des églises, invente les fabliaux et les contes, trouve à chaque instant des images nouvelles pour représenter les opinions, les idées et les mœurs ; et cette imagination, loin de se fatiguer, féconde ; car ce n'est pas une production factice de serre chaude, c'est la floraison naturelle d'un arbre en son printemps, toute une suite de siècles qui se couronnent dans le dernier. Et voilà pourquoi les artistes, auteurs de toutes ces œuvres, sont inconnus. Ces œuvres ne sont pas d'eux, elles sont du peuple entier ; ce n'est pas leur pensée qu'ils ont rendue, mais la pensée de tous, de leurs pères et de leurs ancêtres, avec laquelle ils sont nés, ils ont été élevés et ont vécu, qui a pénétré tout leur être, et est devenue comme une partie même de leur âme. Ainsi, ils ont senti, compris, exprimé sans effort, et ces monuments de l'art sont, non la marque de leur talent et de leur passage sur terre, mais le témoignage de leur piété et de leur foi, de la piété et de la foi de tout un peuple.

La même foi des anciens jours persiste encore dans la Bretagne : si l'on en doutait, que signifient ces signes multipliés d'une piété qui ne s'affaiblit pas, ces écharpes de cachemire, dons des femmes de l'aristocratie, qui couvrent les autels de la cathédrale de Tréguier, et ces offrandes du pauvre, ces faisceaux de béquilles appendues au Folgoat par les infirmes guéris ? et ces pèlerinages de milliers d'hommes qui, chaque année, viennent, comme une armée, entourer de leurs longues lignes aux cent replis l'église de Sainte-Anne d'Auray? et ces tableaux miraculeux qui tapissent du haut en bas l'église de la mère de la Vierge, trop petite pour ce musée chrétien incessamment renouvelé? A chaque pas s'élèvent des chapelles et des églises neuves : à Saint-Brieuc, on en construit plusieurs à la fois ; Lorient, ville toute peuplée de marins et de soldats, vient d'élever à ses portes une église dans le goût du xive siècle ; Vitré donne à son église un clocher neuf et une chaire sculptée ; les petits villages dressent, dans leur cimetière, des calvaires à personnages comme au moyen âge ; le calvaire de Ploezal, entre Tréguier et Guingamp, est daté de 1856 ; Dinan restaure et agrandit sa belle église de Saint-Malo ; Quimper lance dans les airs deux flèches hardies sur les tours de sa cathédrale ; la chapelle de Saint-Ilan, modèle de grâce et d'élégance, s'élève toute blanche, au bord de la mer, au milieu des toits calmes de sa colonie pieuse ; Nantes, en même temps qu'elle bâtit plusieurs églises nouvelles, achève son immense cathédrale, dôme de Cologne de la Bretagne, auquel tous les siècles ont mis la main, et construit cette église Saint-Nicolas, reproduction presque parfaite de l'art religieux au temps de saint Louis, œuvre digne des plus beaux temps de l'art religieux, et qu'a suffi à accomplir en moins de dix ans le zèle de son pasteur et la piété de ses enfants, avec le produit de leurs aumônes et de leurs dons. Il y a quelques années, à Guingamp, on dédia à la sainte Vierge une chapelle placée à l'extérieur de l'église : statues peintes des douze Apôtres, autel resplendissant, voûte azurée aux étoiles d'or, nulle dépense ne fut épargnée, nulle décoration ne parut trop splendide pour orner le sanctuaire de la Vierge ; il s'y trouva cinquante mille personnes le jour de l'inauguration. Ce sont là les fêtes nationales des Bretons ; ailleurs, les peuples se pressent au passage des princes ou aux anniversaires de révolutions qui se succèdent ; eux accourent de toutes les parties de la Bretagne pour assister au couronnement de la Reine du ciel.

Et quelle piété, quel recueillement, quelle gravité dans le maintien de ces hommes et de ces femmes agenouillés sur le pavé des églises ! Ce n'est qu'à la Trappe que j'ai vu une absorption aussi complète de l'être humain dans une pensée qui le remplit : il semble que toutes les fonctions de leur vie soient anéanties ; immobiles dans leur prière, ils demeurent en cette contemplation absolue où l'on se représente les saints, envahis par un sentiment de vénération, de soumission et d'humilité, où l'homme disparaît et où il ne reste plus que le chrétien. Voilà ce qui est plus expressif que tous les monuments ; ces actes journaliers d'une dévotion toujours égale montrent l'état habituel de l'âme.

Traversez, un jour de marché, la place de quelque ville ou bourg du Finistère : l'aspect en est varié et animé ; ce marché, c'est une file de petites voitures, et sur toutes ces petites voitures, toutes sortes de marchandises, des rubans de velours et des boucles pour les chapeaux d'hommes, des ornements de laine tressés sur des roseaux pour les chaussures des femmes, des épingles bariolées, à dessins enroulés avec des perles de verre, des porte-pipes de bois, de petites pipes microscopiques, de petits instruments pour allumer la pipe, etc. Sous les tentes de ces petits magasins roulants, une foule d'hommes et de femmes, les femmes avec leurs coiffures de diverses formes, leurs grands fichus blancs arrondis sur le dos et finissant en deux pointes sur la poitrine ; les hommes avec leurs braies étroitement serrées, tombant très-bas et attachées sur les hanches, de manière à laisser passer la chemise entre la braie et la veste, le chapeau aux grands bords recouvrant leurs longs cheveux souvent relevés dessous et le bâton à la main, ne se pressant pas, marchant à pas comptés, faisant leurs marchés sans hâte. Mais voilà midi : de la haute tour du clocher de l'église voisine, tombe le coup retentissant de midi ; les douze coups lentement résonnent ; aussitôt, à ce dernier coup, tout mouvement cesse, tout le monde s'arrête, tout se tait, un grand silence plane sur la place; tous ces hommes, d'un même mouvement, ôtent leurs grands chapeaux, leurs longs cheveux tombent sur leurs épaules, et tous se mettent à genoux, se signent et murmurent à voix basse l'*Angelus*. L'étranger, au milieu de cette foule prosternée, s'étonne lui-même de rester debout, et s'incline comme involontairement. Puis la prière de la Vierge finie, ils se relèvent, le mouvement recommence, et l'on entend sur la place ce bruit sourd qui ressemble au murmure de la mer éloignée.

Il me semble les voir encore dans l'église de Cast (Finistère). C'était un dimanche, à l'heure des vêpres; la cloche sonnait dans le clocher à jour, et, sur la route, devant l'église, était amassée une grande foule, hommes et femmes, causant par groupes, doucement et sans bruit. La cloche cessa de sonner; les groupes se rompirent aussitôt, se séparant en deux bandes, d'un côté les femmes, de l'autre les hommes, se dirigeant vers l'église. Les femmes entrèrent les premières; en un moment, la nef en fut remplie; au milieu, les jeunes filles de la confrérie de la Vierge, toutes en blanc, mais toutes les vêtements ornés de broderies d'or et d'argent, des rubans d'or serrant le bras, des ceintures d'argent et d'or ceignant la taille et retombant en quatre bandes par derrière sur la jupe plissée, le cœur d'or et la croix sur la poitrine; dans les contre-allées, les femmes et les mères, en costume plus varié, et vivement coloré, des coiffes à fonds bleus et jaunes, des rubans bleus lamés d'argent sur le casaquin brun, des jupes rouges, des bas à coins brodés d'or. Toutes étaient à genoux sur le pavé, la tête inclinée, le chapelet entre les mains, dans un silence recueilli.

Puis, quand les femmes furent placées, une autre porte s'ouvrit par un côté de l'église, c'était le tour des hommes ; ils entrèrent, à la file, d'un pas grave et lent, et c'était un spectacle étrange et imposant. Autant les femmes, dans leur costume bariolé, étaient scintillantes de vives couleurs, autant celui des hommes était simple et sévère ; ce qui saisissait l'attention, ce n'étaient pas leurs vêtements presque uniformes , leurs longues vestes brunes, seulement bordées d'un galon rouge, leurs larges braies bouffantes ; c'était leur tête carrée, les longs traits de leur physionomie, ces grands cheveux plats, couvrant entièrement leurs fronts comme une toison épaisse, et descendant en longues nappes sur leurs épaules et sur leur dos jusqu'au milieu des reins. Tous, enfants et hommes faits, portaient le même costume, tous leurs longs cheveux noirs qui, à l'air, prennent une teinte d'un roux sombre, et sous ces longs cheveux tombant sur les sourcils épais, leurs yeux avaient une expression énergique et je ne sais quelle fermeté dure. On eût dit que ce n'étaient point des hommes de notre pays et de notre temps : ces visages graves et immobiles, les regards brillants qu'ils attachaient sur l'étranger, comme pour

pénétrer sa pensée, ces chevelures incultes qui chargent leurs grosses têtes comme des crinières de bêtes
fauves, donnaient l'idée d'un peuple à part ; on pen-
sait à ces tribus des déserts de l'Amérique qui errent
encore sur les frontières des races modernes, et qui,
avec leur parole brève et sentencieuse, leurs gestes
rares, leur démarche solennelle, semblent garder
le mystérieux secret des premiers jours du vieux
monde.

Ils défilèrent un à un, s'inclinant profondément devant l'autel, et s'agenouillèrent à leur tour sur la pierre,
entourant entièrement la grille du chœur. C'était là,
la vraie assemblée des fidèles ; les hommes, comme
une forte milice, en avant ; les femmes derrière, foule
plus humble ; tous ayant oublié tout le reste, ne vivant
plus que d'une pensée, tout à Dieu. Car Dieu n'est pas
pour ces barbares ce qu'il est pour nous ; nous, habitants civilisés des villes, nous cherchons à expliquer
Dieu ; même à genoux dans ses temples, nous l'analy-
sons, nous commentons ses actes, nous doutons peut-
être s'il existe. Ils n'ont point, eux, ces vaines pensées,
méditations stériles : pour eux Dieu est, ils le savent,
ils le croient ; il a fait le ciel sur leurs têtes, la terre qui
produit leurs moissons, il les a faits eux-mêmes, il les
conserve ou les reprend ; c'est l'Invisible qui peut tout,
au fond des cieux et partout à la fois, et, sous ce Tout-
Puissant, ils se voient bien petits, ils se prosternent et
ils adorent.

La prière, a-t-on dit, semblable aux battements du

cœur, entretient la vie. Le peuple breton croit et prie ;
une force est au dedans de lui, la religion, source de
sa virtualité, qui atteste que non-seulement il existe,
mais qu'il vit.

III

Les pierres.

Le Morbihan. — La presqu'île de Rhuis. — Locmariaker. —
Plouharnel. — Carnac.

Le Morbihan n'a conservé ni la langue, ni l'ancien costume breton ; au premier aspect, il ressemble au reste de la France ; mais ce n'est là que la surface ; pour les mœurs, le respect des traditions, le culte de la famille, la piété et la foi inébranlable, il ne le cède à nulle autre partie de la Bretagne. Nulle part le sentiment royaliste ne se montra plus vif au moment de la révolution ; c'est dans le Morbihan que la guerre des chouans se perpétua avec une ardeur toujours renaissante ; ce furent ses côtes que choisirent les émigrés pour y débarquer et y recommencer la lutte ; c'est à Quiberon qu'ils combattirent, à Auray qu'ils succombèrent, à la Chartreuse que sont entassés leurs os, et, pour tout dire en un mot, le nom du Morbihan ne se sépare pas du nom de Cadoudal.

De même aussi, c'est à sainte Anne d'Auray que se fait le grand pèlerinage de Bretagne : sainte Anne est la patronne de la Bretagne, comme saint Yves le patron ; mais saint Yves n'a que le respect des peuples, sainte Anne en a l'amour ; ils donnent à sainte Anne une part presque égale de l'affection tendre et pour ainsi dire filiale qu'ils ont vouée à la sainte Vierge. Le pèlerinage de Sainte-Anne d'Auray n'attire pas seulement des habitants du Morbihan ; durant plus de quatre mois, des points les plus éloignés de la Bretagne, par tous les chemins, on voit arriver des hommes, des femmes, des enfants, des vieillards, qui ont quitté leurs champs, leurs maisons, leurs travaux, pour vénérer en sa chapelle préférée la mère de celle qui enfanta le Sauveur. Et quelle piété! quelle dévotion! Dès que, de loin, dans la lande où ils marchent par groupes, le chapelet à la main, ils aperçoivent le clocher de l'église, tous aussitôt se prosternent à genoux, le front courbé, murmurant une prière à voix basse ; puis ils se relèvent, s'alignent sur deux rangs, et, la tête découverte, à pas mesurés, s'avancent vers Sainte-Anne, où leurs cantiques, qui emplissent la campagne, annoncent l'arrivée de nouveaux pèlerins.

Là, l'on rencontre alors tous les costumes, on entend tous les dialectes de Bretagne ; le centre de la Bretagne, ce n'est ni Rennes, ni Nantes, ni même Quimper : c'est ce petit village du Morbihan, Sainte-Anne d'Auray.

2.

Le sol même a un caractère particulier : il n'y a pas un étranger qui n'en soit frappé ; c'est la vraie terre celtique. A chaque pas, des menhirs, des dolmens, des carneillous, des tumulus ; les champs sont entourés de quartiers de roc, débris de dolmens renversés ; dans la lande, parmi les verts ajoncs, surgit le cône gris d'un menhir isolé ; sur le bord du chemin est affaissée, semblable à un grand animal pétrifié, une pierre branlante, masse énorme, qu'un enfant, en la poussant du doigt, met en mouvement ; partout la terre porte les indestructibles marques de son antiquité.

Et la configuration du pays est d'accord avec ce caractère si déterminé. Le golfe du Morbihan, qui donne son nom à cette partie de la Bretagne, ne communique avec l'Océan que par une passe étroite ; s'avançant longuement dans les terres où il découpe de profondes anses, semé d'îles que l'on compte par centaines, qui s'élèvent blanches et sans arbres, au-dessus de ses flots calmes, et entre lesquelles passent et disparaissent les barques de pêche, c'est un lac presque fermé, une mer intérieure, la mer de Bretagne. Au fond, la vieille ville de Vannes qui armait de grandes flottes pour défendre l'indépendance gauloise contre les Romains, et, de chaque côté, s'étendant comme des bras, la longue presqu'île de Rhuis et la langue de terre au bout de laquelle est assis, regardant la mer, Locmariaker, qui déjà existait au siècle de César.

Autour de ce vaste bassin du Morbihan, convergent et se sont comme donné rendez-vous les monuments.

des vieux temps. Ici, dans la presqu'île de Rhuis, d'abord le château à quatre faces de Sucinio, tout ruiné à l'intérieur, les portes et les fenêtres ouvertes au vent, mais au dehors solide et presque entier ; gris, triste et inébranlable, il est resté debout comme une sentinelle qui garderait l'entrée de la presqu'île. Plus loin, le couvent de Saint-Gildas, au bord de l'Océan, où vécut quelque temps Abailard ; puis, tout au bout, un haut monticule au milieu de la campagne plate, le tumulus de Tumiac, amas immense de couches de terres et de pierres alternées : de son sommet, vous dominez deux mers, le Morbihan aux côtes dentelées, et le vaste Océan, et dans l'Océan, les îles autrefois détachées de la terre, Hédic, Houat, Dumet, Belle-Isle, qui ferment au loin l'horizon. Dans l'intérieur de la pyramide armoricaine, sous vos pieds, sont les chambres sépulcrales où ont été ensevelis les chefs des peuples.

Tel est le côté de la presqu'île de Rhuis ; sur l'autre rivage, relié à celui-ci par quelques pierres druidiques jetées çà et là dans les îles du golfe, vous apercevez tout à la fois plusieurs hauts tumulus comme celui de Tumiac ; les dolmens et les grottes se succèdent, et les menhirs ne se comptent pas. Tout autour de Locmariaker (1), dont le nom si parfaitement breton étonne l'étranger, sont dispersés une quantité de monuments qui attestent l'existence d'une cité puissante. C'est parmi ces monuments que se trouvent la *Table de*

_____

(1) Le village du Loc consacré à Marie.

César et le *Grand Menhir*. La voilà, dans une lande, cette fameuse table, dressée encore sur ses piliers qui, depuis deux mille ans, n'ont pas bougé; épaisse et large tranche de roc qu'on dirait coupée dans une montagne, elle est élevée en équilibre plus haut que la taille d'un homme, et elle a paru si gigantesque aux peuples qu'ils n'ont pas cru qu'elle pût porter un autre nom que celui de César, du géant qui les avait vaincus.

Faites quelques pas encore dans la lande, à travers les ajoncs épineux, vous êtes arrêté par une masse immense étendue sur le sol. C'est le *Grand Menhir*, le plus grand que l'on connaisse : de la pointe à la base, il a soixante-quatre pieds de long; obélisque colossal, il s'élevait jadis dans la vaste solitude de ces champs, au-dessus de tous les menhirs d'alentour. Depuis des siècles, il gît renversé à terre, et tel était son poids, qu'en tombant il s'est brisé en quatre morceaux; ils sont là, à la suite l'un de l'autre, à l'endroit où ils sont tombés; on dirait des tronçons d'un formidable serpent antédiluvien. Nul n'a songé à les changer de place. Comme soudés au sol, ils dureront autant que le sol même.

Trois ou quatre lieues au delà, vous rencontrez les grottes de Plouharnel. En revenant de la presqu'île de Quiberon, au moment où l'on jette un regard derrière soi pour regarder encore la mer, la mer qui tout à l'heure ne se verra plus, on aperçoit, dans un champ, de grosses pierres peu élevées au-dessus du sol; de

loin, on les prendrait pour des dolmens renversés et
on est près de les dédaigner; mais entrez dans le
champ, et le rocher qui vous semblait couché à terre,
vous reconnaîtrez que c'est le toit d'un édifice enfoui
dans le sol. Il faut, en effet, descendre de plusieurs
pieds pour pénétrer dans l'intérieur : alors vous avez
devant vous une allée droite, formée de larges rochers plantés en terre, comme une muraille ; au bout
de cette allée, une chambre arrondie, et, sur le côté,
une petite chambre communiquant avec la grande et
qui en est comme le cabinet (1).

Le tout est recouvert des rochers que vous voyiez
de loin, et qui, semblables à des dalles monstrueuses,
scellent ces sépulcres vides. Trois grottes s'alignent à
côté l'une de l'autre, parallèles et de même longueur,
sépultures familiales où, près de la dernière demeure
des parents, avait été réservée la tombe du petit enfant.

Mais voici Carnac, et ses célèbres et indéchiffrables
alignements : à mesure qu'on approche de Carnac, à
droite et à gauche, se dressent, dans les champs, de
hautes pierres par groupes de douze ou quinze ; l'un
de ces groupes, le plus considérable et composé des
plus gros blocs, s'appelle le *Camp de César* ; car c'est
toujours ce vainqueur que l'on rencontre en notre
France, comme Alexandre et Sésostris en Asie, comme

______

(1) L'allée est large de trois pieds, la chambre longue de dix et le
cabinet de six. Ces grottes ont été découvertes il y a peu d'années.

Napoléon en Égypte, en Syrie, dans l'Europe entière : l'homme ne créant pas, ce sont les destructeurs d'hommes qui saisissent le plus l'imagination des nations et dont elles consacrent le nom.

Ces groupes de rocs isolés sont comme les avant-postes d'une armée. Bientôt on se trouve au milieu de l'armée elle-même. Tout d'abord, on n'éprouve pas cette stupeur dont parlent les voyageurs. C'est que là, comme en toutes les recherches de sa vie, l'homme, au milieu des choses où il aspirait, les possédant et les tenant en sa main, n'a qu'un étonnement, c'est qu'elles soient si peu ; dans les montagnes, touchant les pics que coupent en deux les nuages, il se demande si ce sont là les Pyrénées ou les Alpes. De même ici : entre ces milliers de rocs, vous ne saisissez pas leur énormité et leur multitude. Mais si, du haut d'un de ces blocs couchés à terre comme un monstrueux animal des premiers temps du monde, vous regardez devant vous, vous voyez s'allonger jusqu'à l'horizon, immobiles et muettes, les longues rangées de pierres levées sans nombre.

Elles s'étendent, en effet, en lignes droites, régulières, également séparées l'une de l'autre comme si le commandement d'un général eût écarté largement les rangs pour en passer la revue ; dans ces rangs, chaque soldat est un roc roide, le pied profondément enfoui dans le sol, les plus petits au bas des files comme à la queue de l'armée, les plus grands en tête ; l'homme de nos jours qui les mesure, debout à côté de ces colosses, atteint à peine leurs genoux. Pas une marque d'ailleurs, pas une inscription ; blocs informes, recouverts d'une teinte grise, ternes et sombres, ils semblent refléter les images mornes d'un éternel ciel de décembre.

La lande où ils sont plantés, sèche, âpre, s'étend à l'entour déserte et silencieuse. Ici, savants et ignorants admirent et interrogent. Qui a fait cela ? comment l'a-t-on fait ? dans quel but l'a-t-on fait ? Nul ne le sait, nul ne l'explique. Quel peuple, pour laisser une trace ineffaçable de son passage, a amassé, apporté ici ces lourdes masses et les a dressées vers le ciel, comme les bras pétrifiés de géants ensevelis ? Celtes ? Gaulois ? Kymris ? Nul ne répond : un peuple nombreux a été, on ignore même son nom ! Ce peuple connaissait-il les secrets d'une mécanique puissante pour avoir soulevé ces rochers grands comme les assises de Balbeck et de Memphis ? Ou si, à force de bras, ils les a arrachés de la terre, amenés et plantés en rangs rigides, quelle pensée l'animait ? Est-ce un temple ? quelle foi ! Est-ce une sépulture ? quel symbole caché ! Une catastrophe sans précédents a-t-elle couché dans cette lande une race entière ? un choc soudain a-t-il ouvert la terre ? l'Océan, faisant un pas, a-t-il en un instant couvert une nation de sa nappe remuante, puis, en se retirant, tout emporté ? Et les peuples voisins auront marqué la place de ce peuple évanoui par ces rocs inébranlables, témoignage mystérieux d'un désastre qui ne sera jamais raconté !

Il y a quelques années, le savant, le poëte qui a recueilli, annoté et traduit les chants bretons, désira sauver de la destruction un dolmen qu'une route nouvelle allait renverser, et obtint l'autorisation de le transporter dans le parc de la belle habitation qu'il occupe près de Quimperlé. L'entreprise semblait aisée. C'était un dolmen de moyenne grandeur, et la distance à parcourir était seulement de quatre lieues. Mais lorsque l'on se mit à l'œuvre, on vit surgir les obstacles : hommes et chevaux pouvaient à peine ébranler la table du dolmen, ce ne fut qu'en augmentant hors de toute prévision le nombre des uns et des autres qu'on parvint à la mettre en mouvement ; on y employa dix-huit hommes, cinquante chevaux et l'on mit dix-sept jours à l'amener à la place qui lui était destinée ; les treuils, les poulies, les leviers, les rouleaux, les levées de terre, les moyens dont dispose l'industrie moderne et ceux dont on suppose que se servaient les peuples celtiques, on usa de tout successivement, et il arriva plus d'une fois que l'on ne fit que cent pas dans une journée. Cette entreprise, si nouvelle dans cette vieille contrée qui avait perdu les traditions des ancêtres, émut toutes les populations des environs ; on accourait de plusieurs lieues, on faisait haie le long des routes pour voir marcher la *grande pierre ;* beaucoup doutaient qu'elle fût jamais rétablie sur ses piliers, et, quand elle s'enfonçait lentement dans les chemins rompus, il semblait qu'elle y dût toujours demeurer. Elle arriva enfin à la porte du parc ; ce fut un jour de fête, elle entra comme en triomphe, un enfant était monté dessus, portant des fleurs dans ses mains, la foule poussait des acclamations ; ce peuple célébrait le succès d'avoir remué une pierre, lui dont les aïeux dressaient et alignaient les rocs par milliers.

IV

Quiberon.

Le combat. — Le fort Penthièvre. — La prison. — Le jugement. —
Le champ des martyrs.

Nos rivages, comme la Grèce antique, ont leur histoire : les jeunes citoyens du Nouveau Monde, pour
qui nous sommes des anciens, en longeant la côte armoricaine, se montrent, du haut de leurs navires, un
petit coin de terre, une presqu'île étroite et avancée
dans la mer : Quiberon, Carnac, Auray, ces bourgs et
ces villages celtiques ont vu de pathétiques événements, ont entendu sonner d'illustres noms. A Auray,
la dernière bataille des deux compétiteurs de Bretagne, Charles de Blois et Monfort, le choc de trois
chevaleries, Anglais, Français, Bretons, Chandos et
du Guesclin ; à Quiberon, la rencontre de deux armées,
de deux drapeaux, symboles de deux sociétés, gentilshommes descendants des preux chevaliers, républicains commandés par un fils de palefrenier, Hoche ;
puis l'immolation des débris de l'ancienne noblesse,
massacre suprême qui ferme l'ère rouge de la Ter-

reur, comme une large effusion de sang termine un long sacrifice; voilà les faits et les noms : magnanimité, courage, nobles paroles, sentiments sublimes, l'antiquité n'a rien de plus grand; nous n'avons rien à lui envier.

C'est ici, à l'entrée de la presqu'île de Quiberon, près de Carnac, que débarquèrent, à la fin du siècle dernier, des exilés français venant, les armes à la main, reconquérir leur patrie.

On ne voit pas sans étonnement dans l'histoire cette tentative des émigrés : c'est en 1795, la grande guerre de Vendée est finie, les principaux chefs, Bonchamps, d'Elbée, La Rochejaquelein, Cathelineau, sont morts; Stofflet et Charette seuls résistent à peine à la tête d'une poignée d'hommes, poursuivis, traqués, chaque jour près de succomber. Mais les exilés aisément s'abusent : loin de la patrie, les événements sont passés avant de retentir à leurs oreilles, comme l'éclair du canon se voit avant qu'on entende le coup. Tant que la guerre de Vendée fut dans sa force, ils y attachèrent peu d'importance : quand les cent mille hommes qui avaient franchi la Loire eurent été tués et dispersés, quand le fer et l'incendie des colonnes infernales eurent saccagé le Bocage, les princes exilés croyaient encore la Vendée en armes ; alors arrivait à Charette, du fond de l'Europe, cette lettre de Suwarow, écrite avec une emphase orientale, mais non sans grandeur ; alors le comte de Provence envoyait à Charette et à Stofflet des cordons et des brevets de généraux ;

alors on rêvait une expédition décisive dans l'Ouest,
et l'on décidait une descente des émigrés en Bretagne.

Tout, cependant, n'était pas contraire à cette entreprise : si Stofflet et Charette étaient réduits à une
grande faiblesse, leur résistance tenait la Vendée en
éveil ; un secours inattendu, un premier succès pouvait la remettre debout ; les chouans, disséminés par
toute la Bretagne, occupaient une armée entière : on
n'avait pas jugé trop grands les talents de Hoche
contre Tinténiac et Cadoudal ; leurs bandes éparses
se levaient tout à coup devant et derrière les républicains comme ces globes fulminants, semés sur le sol,
qui éclatent sous les pas. L'état de la France aussi
semblait favorable : maintenant que les décemvirs
sanguinaires n'existaient plus, on souffrait impatiem-
ment le joug de la Convention ; on avait horreur et
mépris de ces hommes qu'on ne craignait plus. Le pays
d'ailleurs où l'on projetait de descendre était un pays
ami : dès qu'une armée régulière y mettrait le pied,
autour d'elle se rallieraient cinquante mille chouans
aguerris ; l'Ouest tout entier se lèverait ; les républicains, dans cette haute marée populaire, seraient engloutis ; les Vendéens, naguère, s'étaient avancés jusqu'à soixante lieues de Paris ; cette fois, dès le premier
jour et sans tirer l'épée, l'armée libératrice se retrou-
verait aussi près ; un prince apparaîtrait à sa tête, et,
aux acclamations des peuples, elle marcherait à grands
pas vers Paris, à qui elle ramènerait la paix et ses rois.

Telles étaient les espérances et les illusions. Pour

l'accomplissement de ces grands desseins, rien n'avait été épargné ; les préparatifs furent dignes du but. L'Angleterre donna son aide : quelques-uns ont prétendu qu'elle avait saisi avec empressement l'occasion d'anéantir les restes de l'ancienne marine française ; on l'a calomniée, on ne la comprenait pas : un plus pressant intérêt la poussait ; l'ennemi d'alors, c'était la République. Vaisseaux, argent, munitions, elle fournit tout aux émigrés, en abondance, sans compter. Les républicains furent étonnés de l'immense matériel d'armes et d'approvisionnements de toute sorte qu'ils trouvèrent après la victoire : les commissaires demandaient *quatre mille voitures* pendant quinze jours pour transporter ces richesses ; Hoche les estimait, dans sa lettre à la Convention, à *plusieurs centaines de millions.*

Quant aux émigrés, la nouvelle de ces puissants préparatifs les avait partout ranimés : il en vint des extrémités de l'Europe. Un corps entier qui, depuis trois ans, faisait la guerre en Allemagne, arriva des bords de l'Elbe, sous le commandement de Sombreuil ; tous les anciens officiers de la marine royale accoururent. « On a trouvé, écrivait Hoche, plus de six cents épées avec l'ancre sur la garde. » Les Bretons, surtout, étaient en grand nombre ; ils allaient revoir leur pays, leurs familles, combattre, mourir du moins sur le sol où ils étaient nés. On composa cinq régiments, dont plusieurs portaient de beaux noms : *Rohan, Damas, Loyal-Émigrant ;* l'artillerie avait pour chef un militaire savant et éprouvé, le comte de Rotalier. L'enthousiasme était haut comme les espérances ; beaucoup d'officiers convertirent leur fortune en or, et l'emportèrent avec eux, nobles joueurs qui risquaient tout sur un dernier coup de dés ; enfin, spectacle héroïque et touchant, on voyait marcher en ligne une compagnie de vieux officiers, tous chevaliers de Saint-Louis (1), qui portaient le mousquet et recevaient la paye comme de simples soldats ; ils étaient cent vingt, tous âgés de plus de soixante ans, et leur chef en avait soixante-douze. On a vanté l'enthousiasme des républicains ; celui qui animait ces vieillards était aussi grand et plus admirable ; car l'enthousiasme et le désintéressement sont naturels à la jeunesse ; mais eux, dans la vieillesse et après les épreuves de la vie, ils avaient gardé entières ces vaillantes et généreuses vertus.

Oui, les moyens étaient immenses et les qualités magnanimes : mais ici, dès le début, même avant le départ, se révèlent les défauts qui feront tout échouer, défauts de cette génération élevée par le siècle du doute, et que Dieu semble avoir condamnée et aveuglée jusqu'au bord du précipice, pour qu'elle y pût immanquablement tomber. Ils avaient le courage, le dévoûment, l'héroïsme, il leur manquait la décision, la netteté de vues ; il ne se trouva pas un homme pour

(1) Ils portaient la croix de Saint-Louis suspendue à un ruban de laine, faute, dit Puisaye, de moyens d'en payer un de soie.

conduire ces bras : Puisaye, négociateur, diplomate, plutôt que général, perdit promptement la tête ; d'Hervilly, officier de détails, n'avait ni initiative ni idées d'ensemble ; Sombreuil arriva trop tard. Le commandement, d'ailleurs, était partagé : Puisaye est le chef nominal ; d'Hervilly le chef militaire ; les chouans ne reconnaissent que Puisaye, les émigrés n'obéissent qu'à d'Hervilly. Puis, au lieu de partir tous ensemble, en une masse compacte, capable d'un énergique effort, ils se divisent : le deuxième corps ne quitte l'Angleterre que trois semaines après le premier ; celui-ci débarque le 27 juin, celui-là le 15 juillet, le troisième, le plus considérable, qui emmène le comte d'Artois, attendra, avant de partir, quelque succès. C'est celui qui vint, deux mois plus tard, faire une inutile descente à l'Ile-Dieu. Enfin, pour compléter leurs régiments, ils enrôlent des soldats républicains, prisonniers en Angleterre : ces émigrés fidèles, qui ne connaissent qu'un serment, ne songent pas que ces soldats, qui s'engagent afin de sortir de prison, au moindre échec vont déserter.

Leurs premiers pas, pourtant, furent heureux : la mer était libre ; les vaisseaux anglais avaient repoussé l'escadre de Villaret-Joyeuse sortie de Brest pour leur barrer le chemin. Ils abordèrent sans obstacle au fond de la baie de Quiberon. Là, après quatre ans d'exil, cinq mille Français mirent le pied sur le sol de la patrie et ceux qui ont survécu nous ont dit leur enivrement en touchant cette terre sacrée. Dès qu'elle fut en vue, des cris de joie et d'amour éclatèrent sur les vaisseaux ; plusieurs se jetèrent dans les flots, pour l'atteindre plus tôt, et l'embrassèrent, avec des transports et des larmes, comme une mère. Leur arrivée avait été signalée ; les populations environnantes étaient accourues, apportant à l'armée des vivres et des provisions : « Vieillards, femmes, enfants, jusqu'aux genoux dans le sable, s'attelaient aux canons..... la plage retentissait des cris incessamment répétés : « Vive notre religion ! vive notre roi (1) ! » En se retrouvant et se mêlant ensemble, parents, compatriotes et compagnons d'armes, il semblait aux uns et aux autres qu'un souffle invincible les allait porter en avant, et balayer les champs devant eux.

Les troupes républicaines, en effet, plièrent tout de suite, et cédèrent le terrain. Elles étaient en petit nombre ; ordre leur fut donné de se retirer sur Quimper, afin de couvrir Brest. La Convention s'attendait à perdre la Bretagne d'un seul coup. Presque à la fois sont occupés les villes et les bourgs avoisinants : Carnac, Mendon, Landevan, Auray ; en quelques heures, dix-sept mille chouans arrivent, rompus à la guerre par trois années de combats, soldats par le cœur et par les actes, sinon par l'habit.

Mais qui les arrête ? pourquoi cette ardente armée reste-t-elle comme fixée au sol ? C'est que déjà éclate parmi eux la désunion, la désunion qui accompagne

______

(1) Puisaye, *Mémoires*, édit. de Londres, 1807, t. VI.

toujours l'exil; alors aussi apparaît la petitesse de **vues** du chef. Habitué aux troupes régulières, d'Hervilly ne dissimule pas son dédain pour ces paysans. Quoi! pas de discipline! ils ne savent ni se mettre en rang, ni ma- nœuvrer! on ne saurait s'avancer sans les avoir for- més; il leur faut apprendre à porter l'uniforme, à marcher au pas. En vain Puisaye s'indigne de ces lenteurs, il n'a pas l'audace de s'emparer du com- mandement. Les chouans, qui avaient bien soutenu le choc des régiments républicains, sans connaître la charge en douze temps, se voyant méprisés, murmu- rent ou s'éloignent. On laisse se consumer sur place cette fièvre française qui fait tout plier, quand on la laisse se jeter au dehors. Et ainsi, dix jours se pas- sent, dix jours en luttes intestines, en paroles aigres, en mesquines opérations. On quitte ce petit bourg et l'on reprend celui-là; avant même d'avoir combattu, on doute du succès ; il faut attendre le second corps d'armée; il faut un refuge, en cas de défaite, et, **au** lieu de pousser devant soi, par ce pays ami où chaque homme que l'on rencontre serait un soldat ou un hôte, où la petite armée républicaine eût été étouffée dans la foule, on se retire prudemment d'Auray, on se can- tonne dans l'étroite presqu'île de Quiberon, et dans le fort Penthièvre qui la ferme ; on recule à quatre lieues en arrière du point qu'on occupait au débarquement.

Ces dix jours décidèrent du sort de l'expédition. Les chouans du centre ne voyant pas s'approcher l'armée émigrée, n'osent bouger; Hoche qui craignait un sou-

3.

lèvement général rassemble en hâte tous ses soldats; il va aux émigrés qui ne viennent pas à lui; le 5 juillet, il est en face d'eux, et le 7, déjà il les a repoussés dans la presqu'île de Quiberon; il les tient là acculés à une impasse, sur une misérable langue de terre de deux lieues de long et de quelques cents mètres de large, entre deux précipices des flots.

Maintenant l'heure des conseils est passée, celle de l'action est venue; ils n'ont plus qu'à se battre et à mourir. C'est leur beau moment, et l'on va reconnaître la noblesse française, imprévoyante, téméraire comme la jeunesse, mais toujours vaillante et chevaleresque, et perdant la vie avec magnanimité, à Quiberon, comme à Azincourt et à Crécy.

Ils sont enfermés, il faut sortir de la presqu'île : après une première tentative infructueuse et mal combinée (le 8 juillet), un plan est formé pour forcer le camp de Hoche : deux détachements, descendant à quelques lieues de là, à droite et à gauche, feront un détour, et par derrière attaqueront les républicains; à un signal donné, le gros de l'armée émigrée sortira du fort Penthièvre et les assaillira de front : pris entre deux feux par des troupes supérieures en nombre, Hoche ne peut résister (16 juillet). Mais, voilà qu'il arrive de ces malentendus qui déjouent les projets les plus habilement conçus, de ces accidents qui ne sont pas des coups de hasard, mais que Dieu jette à l'encontre des capitaines quand il les veut perdre. Le premier détachement est détourné de son chemin par

un contre-ordre venu on ne sait d'où (1), il s'égare à
dix lieues de là ; son chef même, Tinténiac, est tué ;
la seconde troupe à peine a mis pied à terre qu'elle
est obligée de se rembarquer; les deux attaques sur
les flancs et les derrières des républicains manquent
ainsi à la fois ; le signal qui devait avertir de ce
contre-temps n'est pas aperçu.

Cependant les émigrés, dans leur impatience, sortent
de la presqu'île ; ils ne veulent même pas attendre ce
renfort tant désiré, le corps de Sombreuil, quinze cents
vieux soldats qui viennent d'arriver et vont débarquer.
Ils marchent en rangs épais contre le camp de Hoche
placé sur une hauteur et défendu par de formidables
retranchements; Hoche les laisse s'approcher; puis,
tout à coup, à quelques pas, une batterie se démasque,
et une décharge meurtrière, en un instant, en abat
des centaines; les rangs sont hachés en tronçons. Se
figure-t-on la stupeur et l'effroi à cette surprise? Mais
ici, ces gentilshommes, qui dédaignaient les paysans,
vont leur prouver du moins qu'ils sont dignes de les
commander. Un moment troublés et désunis, bientôt
ils se reforment, et, comme si des trouées sanglantes
ne les avaient diminués, ils alignent leurs rangs, et
du même pas, du même pas qu'auparavant, ni plus
vite, ni plus lentement, ils continuent à monter vers ce
rempart d'où plonge un feu de mitraille qui les décime.
Les républicains, les voyant de ce rempart, marcher

(1) Des agents de l'intérieur.

impassibles et en **bon ordre**, ne pouvaient retenir leur admiration : « Il semblait, leur disaient-ils après la défaite, que vous marchiez à la parade. — On s'est battu des deux côtés avec énergie, écrivait Hoche, ces hommes égarés se sont souvenus qu'ils étaient Français et qu'ils avaient des Français devant eux. »

C'est que la plupart étaient des officiers, et ces officiers, qui avaient **toute leur** vie crié *en avant !* à leurs soldats, soldats aujourd'hui, ne savaient pas reculer. De soixante-douze officiers de Royal-Marine, il en périt quarante-trois ; de cette troupe héroïque de cent vingt vieux vétérans, chevaliers de Saint-Louis, il en resta soixante-douze couchés par terre. Il fallut enfin céder ; qu'était le plus intrépide courage contre des feux de peloton ? Ils auraient tous péri, dès ce jour-là, sans la prévoyance du comte de Rotalier ; avec ses canons, il arrêta la poursuite des républicains, et, couvrant la retraite des émigrés, les sauva au moins pour cette fois (1).

Le reste ressemble à toutes les histoires d'infortunes achevées ; les premières mailles déchirées, le tissu se rompt jusqu'au bout. Du 16 au 20 juillet, chaque jour, chaque nuit, les soldats enrôlés en Angleterre désertent par bandes au camp de Hoche ; celui-ci n'a entre son armée et les émigrés que le fort Penthièvre, et la garnison de ce fort est composée presque entièrement

---

(1) Son fils tomba près de lui : « Enlevez cet officier, » dit-il, et il continua à commander.

d'anciens républicains ; la trahison, bientôt, le lui
livre : quand, une nuit, ses soldats se présentent au
pied des murs, ceux du dedans leur tendent la crosse
de leurs fusils pour les aider à escalader les rochers.
Et alors, c'est une débandade générale, déroute non
d'une armée, mais d'une population entière, paysans,
femmes et enfants qui, depuis quelques jours, s'étaient
réfugiés dans la presqu'île. Tous fuient devant les ba-
taillons vainqueurs qui débordent sur cet étroit espace, tous fuient, et ils n'ont devant eux que la mer,
une mer bouleversée par la tempête, et une côte de
rocs où les bateaux de secours ne peuvent aborder.
Il ne fallut pas de grands efforts pour venir à bout de
cette foule éperdue ; sauf quelques-uns qui s'échappèrent, on les prit par milliers, et on les emmena
comme des troupeaux.

A cette heure, les deux généraux ont disparu : Puisaye s'est hâté d'aller mettre ses papiers à l'abri sur
la flotte anglaise ; d'Hervilly a eu l'honneur d'être
blessé mortellement le 16, à l'attaque du camp, répa-
rant ses fautes par la mort du soldat.

Une seule troupe avait pu se rallier, celle de Sombreuil, récemment débarquée, un millier d'hommes
environ, la plupart gentilshommes ou anciens soldats :
Après avoir défendu le terrain, pied à pied, contre des
forces sans cesse croissantes, ils étaient arrivés à l'extrémité de la presqu'île, près de Portaliguen ; là, réunis
derrière un petit mur à demi écroulé, entre la mer
agitée par l'orage et les rangs redoublés d'une armée

nombreuse, n'ayant plus qu'une ou deux cartouches par homme ; ce n'est pas de se rendre que leur vient la pensée : «Sombreuil tint conseil, raconte l'un d'eux, et il fut alors unanimement décidé que nous sortirions tous du fort, et que, secondés par le feu très-vif que faisaient les frégates anglaises, nous nous précipite-rions, l'épée à la main, dans les rangs républicains, où du moins, si la victoire ne secondait pas notre courage, nous trouverions une mort glorieuse... Déjà Sombreuil donnait l'ordre d'ouvrir les portes (1) ; » mais, à leur attitude, les républicains eux-mêmes s'émeuvent. Cette poignée d'hommes va-t-elle donc périr? Sûrs de la victoire, ils n'ont que de la pitié : «Rendez-vous, braves émigrés, s'écrient-ils, il ne vous sera pas fait de mal! nous sommes tous Français!...» Ah! si ce ne furent pas les généraux qui le jetèrent, ce cri des soldats était la voix généreuse de Français qui reconnaissent des hommes de leur sang, et leur pardonnent! Sombreuil, alors, sortit du fort, un général républicain s'avança, et quelques paroles s'échangèrent rapidement entre eux.

C'est là ce qu'on a appelé la capitulation de Quiberon, niée et affirmée avec une égale passion par les partis contraires, parce qu'elle fut suivie du massacre des émigrés.

J'ai lu, avec une attention exacte et scrupuleuse, avec l'ardent désir de chercher la vérité, tous les récits

____

(1) *Ma sortie de Quiberon*, par L. V. de la V.... g.... o.... (le vi-comte de la Villegourio).

qui ont été écrits de ce moment solennel, et les relations émues des émigrés qui s'échappèrent plus tard des prisons (1), et les écrivains hostiles aux royalistes, tels que le biographe de Hoche, Dourille, et l'impartiale narration des *Victoires et conquêtes,* où l'on sent une âme toute française, et l'historien de la Révolution, M. Thiers, qui juge les événements en homme d'État, et les pages sincères de Rouget de Lisle, qui accompagna Tallien de Quiberon à Paris, et qui peint en traits saisissants les hésitations et les angoisses du proconsul préoccupé de la conduite qu'il doit tenir, et le discours enfin de Tallien, quelques jours après, à la Convention ; j'ai recueilli en Bretagne, sur les lieux mêmes, les traditions et les souvenirs ; et la conviction m'a été donnée qu'il y eut une capitulation, non pas capitulation régulière, le temps et les circonstances ne le permettaient pas, mais une capitulation conditionnelle, et les conditions mêmes que l'on imposait sont la preuve d'une convention proposée et acceptée.

Entre ces récits, celui qui porte le plus le caractère de la vérité est la relation de Chaumereix, qui, lui, écrit, non à la distance de longues années, mais peu de temps après son évasion, dans l'année même (2) : « Sombreuil, dit-il, s'avança vers Hoche : Les hommes

____

(1) Tous, séparés par les distances et les années, s'accordent sur le fait qu'il y eut capitulation.

(2) *Relation* de M. de Chaumereix, officier de la marine, Londres, 1795.

« que je commande sont déterminés à périr sous les
« ruines du fort, mais si vous voulez les laisser rem-
« barquer, vous épargnerez le sang français. Le gé-
« néral Hoche lui répondit : Je ne puis permettre le
« rembarquement, mais si vous voulez mettre bas les
« armes, vous serez traités comme des prisonniers de
« guerre. — Les émigrés seront-ils compris dans cette
« capitulation ? ajouta Sombreuil. — Oui, dit le général
« Hoche, tout ce qui mettra bas les armes. Puis appre-
« nant son nom : Quant à vous, Monsieur, je ne puis
« rien vous promettre. — Aussi, répondit Sombreuil,
« n'est-ce pas pour moi que j'ai voulu capituler, je
« mourrai content, si je sauve la vie à mes braves
« compagnons d'armes. »

Et il se retire, il rapporte à ses compagnons sa conversation avec le général républicain (1), et, sur sa
parole, les émigrés mettent aussitôt bas les armes.

Tel est ce récit d'un témoin oculaire, et la suite des
événements confirme sa véracité. Une frégate anglaise
s'était approchée du rivage et tirait de meurtrières bordées sur les républicains : « Du moins, Monsieur, faites
cesser le feu des Anglais ! » s'écria Hoche. Après avoir
réservé la vie du jeune capitaine, il demande à Sombreuil d'épargner ses troupes, fortifiant son engagement
d'une seconde condition. Et s'il n'y avait pas accord,

(1) Il n'est pas certain que le général républicain qui conféra avec
Sombreuil fut Hoche ; quelques relations nomment le général Hum-
bert ; mais cela ne change rien au fait.

que signifie la conduite de Hoche et de Tallien? pourquoi hésitent-ils à fusiller immédiatement ces émigrés? la loi n'était-elle pas formelle? Mais non, ils attendent la décision de la Convention : Tallien court à Paris, et là, son discours se tourne contre lui-même : « Les émigrés, dit-il, envoyèrent plusieurs parlementaires; mais quelle relation pouvait exister entre nous et ces rebelles? Qu'y avait-il de commun entre nous que la vengeance et la mort? » Les applaudissements l'ont enivré (1); il ne sent pas que son récit atteste son mensonge; car quels hommes consentiraient à se rendre à des vainqueurs qui repoussent les parlementaires? Et, quand l'ordre arrive à Auray de les juger, voyez-vous la stupéfaction, la douleur, l'indignation de la population, de l'armée, des généraux! Devant la commission militaire, entendez-vous Sombreuil : « Prêt à paraître devant Dieu, je jure qu'il y a eu capitulation, et qu'on a promis de traiter les émigrés en prisonniers de guerre! » Et, se tournant vers les soldats présents en foule : « J'en appelle à votre témoignage, grenadiers! — C'est vrai, répondent-ils. » Et à ce serment d'un soldat, la commission militaire se sépare, elle ne les jugera pas, elle ne s'en reconnaît pas le droit! Et tous les autres officiers de l'armée refusent de juger les émigrés ; on est obligé de changer la garnison d'Auray ; pour former une commission, il faut que l'on choisisse

____

(1) C'était le 9 thermidor, anniversaire de la chute de Robespierre. L'entrée de Tallien fut une ovation.

des étrangers ; c'est à des officiers de la légion belge qu'est donnée la mission de condamner ces Français !

L'iniquité retombe sur Tallien et la Convention : Quoique un an se fût écoulé depuis la chute de Robes-pierre, c'était bien toujours la même assemblée, de son premier jour à son dernier, soumise à deux basses passions, la haine et la peur, la haine chez quelques-uns, la peur chez le plus grand nombre. Les soldats furent magnanimes, les législateurs féroces. Hoche leur écrivit : « L'humanité ne peut-elle élever la voix? Son-gez-y, citoyens représentants, cinq mille Français ! » Pas un ne se leva pour l'appuyer. Tallien craignait d'être soupçonné de royalisme, beaucoup de ceux qui l'écoutaient pouvaient être aussi suspectés ; les Monta-gnards les regardaient, ils baissèrent les yeux et lais-sèrent exécuter une loi qu'ils abhorraient ; pour être atroces, il leur suffit de se taire ! Si ce massacre eût dû se faire à Paris, ils ne l'auraient pas osé ; l'opinion leur défendait de frapper encore ; mais la mort à cent cin-quante lieues, la mort qu'on ne voit pas donner, cette mort est facile à résoudre ! Qu'étaient quelques milliers d'hommes pour cette assemblée qui en avait tant fait égorger? leur mort ne lui apporta pas un remords de plus !

Ici, ce n'est plus de l'histoire, c'est une tragédie, une des scènes pathétiques de ce drame de la Terreur qui se joua quatorze mois de suite tous les jours, et qui chaque jour était dénoué par le même acteur, le bour-reau.

Tous ceux qui ont raconté les derniers moments des victimes sont des émigrés échappés au même sort ; et, dans les récits de tous on retrouve le même sentiment ; soit qu'ils écrivent le lendemain du désastre, comme Chaumereix, ou de longues années après, comme la Villegourio, le Charron, Montbron, Villeneuve, ou Berthier de Grandry, c'est la même tristesse calme, tant elle est profonde (1). Ils ne récriminent pas, ils n'ont ni emportement ni amertume : la haine contre leurs bourreaux, le dédain pour leurs chefs inhabiles ou imprudents, toutes les basses ou mesquines passions se sont envolées de leur âme, une seule impression demeure. Ces victimes, leurs compagnons d'armes, ces officiers qui avaient combattu dans l'Amérique et les Indes, ces jeunes gens, fleur de l'armée, ces enfants de quatorze ans, ce jeune Talhouet, qui se battait près de son frère, et à qui, prisonnier, sa mère s'attachait avec des étreintes désespérées, qu'elle couvrait de son corps, comme si, en se mettant entre lui et la mort, la

(1) Voy. l'*Expédition de Quiberon*, par Villeneuve de la Roche-Barnaud ; *Récit de l'évasion d'un officier pris à Quiberon*, par le comte de Montbron ; *Relation* de M. de Chaumereix, officier de marine ; *Témoignage d'un royaliste ; Ma sortie de Quiberon*, par le V. de la V....g....o ; *Expédition de Quiberon*, par le baron Charron ; *Récit sommaire de la déplorable affaire de Quiberon*, par le chevalier Berthier de Grandry (dans la *Revue de Bretagne et de Vendée*) ; *Relation du désastre de Quiberon*, par M. de la Touche. Le récit de leur évasion, des obstacles et des dangers qu'ils ont surmontés, est une des pages les plus émouvantes de l'histoire de la Révolution.

mort ne pouvait atteindre ce fruit de ses entrailles ; ces paroles sublimes, ces actes héroïques, d'autant plus héroïques qu'il semblait qu'ils dussent être à jamais ignorés, puisque tous devaient périr ; ces prisonniers, emmenés de Quiberon à Auray, la nuit, par des chemins mal frayés, avec une faible escorte (1), et à qui les officiers républicains disaient : Sauvez-vous ! profitez de la nuit ! et qui refusent, et dont pas un ne manque à l'appel en arrivant à Auray [quelques-uns s'égarèrent, les lignes de soldats se rompant à chaque instant, ils appelaient et se joignaient à l'escorte. Car ils avaient donné leur parole, et ils comptaient la vie pour rien et l'honneur pour tout (2)] ; et ces dernières nuits, dans la chapelle qu'ils appellent l'*antichambre de la mort;* ce jeune Coatudavel qui, n'ayant que six mois de plus que l'âge où l'on accordait un sursis, refuse de se rajeunir devant ses juges, *pour ne pas sauver sa vie par un mensonge;* ce domestique qui ne veut pas vivre sans son maître et qui le suit à la mort ; cet autre domestique Malherbe, l'histoire a conservé son nom, qui à cet instant suprême, se sent animé du souffle de Dieu, et, comme inspiré, exhorte à la mort ses compagnons étonnés de son éloquence, et les conjure de pardonner à leurs assassins ; et ces vieillards,

(1) Ce n'étaient pas les royalistes, disait plus tard un officier républicain, qui étaient nos prisonniers, c'était nous qui étions les leurs, s'ils l'avaient voulu.

(2) Chaumereix.

vétérans des anciennes guerres, qui avaient retrouvé
la force de leur maturité pour marcher contre les bat-
teries, et qui, aujourd'hui, découvrant leurs cheveux
blancs, lisaient à haute voix la prière des agonisants,
et rappelaient aux plus jeunes les grandes pensées de
la religion et ses immortelles espérances ; et ce prêtre
se levant au milieu des prisonniers : « Chevaliers
chrétiens, toujours fidèles à Dieu et au roi, faites un
acte de contrition, vos péchés vous sont remis ! » et
les soldats républicains qui les gardaient, tombant à
genoux à ce spectacle, et répétant les prières des morts
avec eux ; et ces appels de chaque jour qui retiraient
vingt, trente, quarante victimes du groupe chaque
jour plus rétréci ; et, à une heure que l'on connaissait,
le silence se faisant instantanément dans la prison,
chacun immobile, dans une attente qui serrait le cœur,
et, tout à coup, l'air déchiré par une fusillade éclat-
tante, la fusillade qui jetait morts par terre ceux qui
tout à l'heure venaient de sortir vivants ; et ces admirables femmes de Vannes, de Lorient, d'Auray, sœurs
de charité volontaires (1), qui envahirent littéralement
la prison, qui intercédèrent pour obtenir la faveur de

(1) Ce furent mesdames Leconte, Fougère, Tanguy (femme du
peuple, qui fit confectionner des vêtements à ses frais pour les prisonniers), Humphry, Hémon, Kerdu, Brunet, Guillevin, Duparc,
Le Normand, Glain, Béar, Lauzer, Vial. Une partie de ces noms avait
été donnée par M. Théodore Muret (*Histoire des guerres de l'Ouest*) ;
la liste en a été complétée par la *Revue de Bretagne et de Vendée.*

servir les prisonniers, — car ils demeurèrent douze jours dans l'attente de leur sort, douze jours d'anxiété, mais aussi d'espoir : la plupart étaient jeunes et ne pouvaient se faire à l'idée de mourir ; ces femmes dévouées qui, plusieurs fois le jour, leur venaient apporter le pain, le vin, les vêtements, et, ce qui vaut mieux, les douces et consolantes paroles, les soins de la mère, de la sœur, de l'épouse, et qui savaient même, don charmant qui n'appartient qu'à la femme, mêler à leurs encouragements cette gaîté légère qui soutient le cœur et amène le sourire d'un instant sur les mornes visages, comme entre deux nuages une échappée de soleil : voilà les scènes, les paroles, les souvenirs que nous ont retracés ceux qu'une amitié vigilante ou un sort heureux préserva, ou plutôt que Dieu voulut garder pour que ces belles actions fussent racontées, pour qu'il fût montré une fois de plus à quelle force et à quelle sublimité l'homme se peut élever par le sentiment du devoir et par la foi !

Entre toutes ces victimes de nos dissensions civiles, il en est une qui excite un intérêt plus attendrissant, Sombreuil : il était jeune, beau, brave ; il avait quitté sa fiancée, ne voulant l'épouser qu'au retour de cette expédition : il brûlait de cet amour de la gloire qui va bien à la jeunesse ; il rêvait de lauriers à déposer aux pieds de celle qu'il aimait. Membre de cette famille qui avait tant de fierté et un cœur si haut, digne fils de celui qui commandait les Invalides, digne frère de celle qui but un verre de sang le 2 septembre pour sauver son père, il était prédestiné à la mort. Tallien, en le voyant, ne put retenir un mot de regret : « Votre famille est bien malheureuse ! » lui dit-il. En s'exemptant lui-même de la capitulation, il était déjà condamné : mais il inspirait une sympathie universelle ; les généraux semblaient lui fournir les moyens de se sauver : une sorte de liberté lui était donnée, il n'était pas renfermé comme les autres prisonniers, les officiers républicains le faisaient manger à leur table ; mais leurs sentiments et les siens étaient trop contraires ; bientôt il refusa ces marques de préférence, et retourna avec ses compagnons à la tête desquels il ne devait plus marcher que pour aller à la mort.

Là encore, dans la prison, il exerçait, par sa grandeur d'âme, une suprématie involontaire ; les prisonniers prenaient courage en voyant sa sérénité. Cette sérénité pourtant se démentit un jour : tandis que la liberté où on laisse les émigrés leur donne un plus vif espoir, tout à coup arrive l'ordre de les mettre en jugement. A ce moment, le jeune capitaine fut saisi d'une de ces douleurs violentes et soudaines qui bouleversent l'âme jusqu'en ses profondeurs : c'est lui qui cause la mort de ces braves gens ; sans sa condescendance, ils eussent péri, mais dans les rangs de l'ennemi, glorieusement et en soldats ! Ses pensées furent troublées par un mouvement de folie ; car tout homme qui se résout à se donner la mort est frappé dans sa raison ; l'amour de la vie est l'amour le plus naturel et le plus fort ; qui n'aime plus ce don sacré de la vie ne s'aime plus, et qui ne s'aime plus a perdu le sens de lui-même. Dans son désespoir, il saisit un pistolet et se l'appuya sur le front ; Dieu ne permit pas que cette grande âme se souillât par un crime. Mais alors le remords le transforma, il se jeta aux pieds de l'évêque de Dol, et il ne fut plus que chrétien. Et quand la sentence fut prononcée, tous les deux on les vit, le vieil évêque aux cheveux blancs, suivi de ses prêtres vénérables qui s'avançaient sur deux lignes en chantant des psaumes, entre les rangs des prisonniers agenouillés et courbés sous la bénédiction du vieillard, et Sombreuil, la tête haute, marchant le premier de ses officiers. Les soldats qui l'escortaient étaient émus de pitié en le voyant si tranquille et si fier. Puis, au lieu du supplice, des mots simples, d'un Français et d'un chrétien, de ces mots comme on en trouve dans l'histoire des grands hommes, qu'on se rappelle et qui élèvent l'âme : il ne veut pas qu'on lui bande les yeux : « J'ai l'habitude de regarder mon ennemi en face ! » Quand on lui commande de se mettre à genoux : « Je m'agenouille devant Dieu, dont j'adore la justice, mais je me relève devant vous qui n'êtes que des hommes ! » Ces paroles du jeune capitaine, le soir on les répétait parmi les fidèles royalistes emprisonnés et parmi les officiers républicains, et les uns et les autres, en le louant, disaient : « La France a perdu un de ses nobles enfants, qui eût été grand pour la gloire de la patrie ! »

Après lui, les autres prisonniers furent rapidement immolés : « Ils ont mis le pied sur la terre natale, la terre natale les dévorera ! » avait dit Tallien : trois commissions fonctionnaient à la fois, à Auray, à Vannes et à Quiberon. A Vannes, on les jugeait douze par douze ; en un seul jour, de *cent trente-sept* renfermés le matin dans la prison, il n'en resta, le soir, que *huit.* Dans une prairie, non loin d'Auray, on les emmenait vingt par vingt, au bord d'une fosse ouverte : les soldats, attristés et obéissants, se hâtaient d'accomplir leur tâche de bourreaux, et s'éloignaient aussitôt de ce champ de carnage ; les fosses étaient à peine recouvertes ; souvent les chiens les venaient fouiller, et l'on voyait les corbeaux voler dans l'air emportant une affreuse pâture.

Plus tard, leurs ossements furent recueillis par une pieuse charité, et on les montre au voyageur, amoncelés sous le monument de marbre qui leur a été élevé près d'Auray, à la *Chartreuse.* Mais ces marbres, ces statues et ces inscriptions touchent moins que le lieu même où ils ont péri : j'ai vu ce champ qu'on appelle d'un nom sacré, le *Champ des martyrs,* une prairie longue, verte, entourée de haies ; à l'entour, la campagne est solitaire et silencieuse. Il n'y a là rien d'eux que leur souvenir, et cette inscription au fronton d'un petit temple : *Hic ceciderunt, là ils sont tombés!* C'est une catastrophe capitale, le dernier coup qui frappe la noblesse française est le plus terrible, il l'atteint au cœur. Pendant deux ans, la Révolution l'avait décimée en détail ; cette fois, elle frappa de cette arme que souhaitait un empereur romain pour trancher d'un

seul coup des milliers de têtes. L'ancienne armée,
celle qui avait combattu contre le grand Frédéric et
avec Washington, l'ancienne marine, qui avait vaincu
sous d'Estaing, d'Estrées et Lamothe-Piquet, disparu-
rent; plusieurs grandes familles, en perdant leurs fils
en un même jour, furent éteintes. Parmi les noms
inscrits sur le monument de la Chartreuse, se lisent
les plus beaux de notre histoire : La Rochefoucauld,
Broglie, Fénelon, Montesquiou, Chevreuse, d'Aiguil-
lon, Damas, Beaufort, Beaumont, Bellegarde, Lamoi-
gnon, un La Peyrouse, parent du célèbre navigateur,
Foucault, des anciens intendants de Bretagne, d'Ava-
ray, Caradec, un frère de Charlotte Corday, plusieurs
fils des plus anciennes familles de Bretagne, Lantivy,
Goulaine, Cornullier, Coëtlosquet, Chasteignier, du
Bois-Hue, la Landelle, de la famille de l'écrivain,
la Houssaye, Kergariou, Kermoysan, Langle, dont
l'aïeul était au combat des Trente, Lanoue, descendant
de Lanoue-Bras-de-fer, capitaine de Henri IV, et Brisson, du loyal et courageux président Brisson au temps
de la Ligue, Salvert, Savatte, d'Hervilly, Talhouet,
Soulange, d'Arbouville, de la famille du général qui
s'est illustré en Afrique, la Voltaye, deux Villeneuve,
La Roche-Barnaud, frère de celui qui fut sauvé, Lar-
gentaye, Lambertrie, Navailles, parent de ce Navailles
qui osa noblement résister à Louis XIV, Lusignan, des
anciens rois de Jérusalem, Kérolan, Vauquelin, Rougé,
Tronjolly, Gesril du Papeu, qui, au moment de la capitulation, se jeta à la nage pour aller porter l'ordre à

la frégate anglaise de cesser le feu, et revint, autre Régulus, partager le sort de ses compagnons, etc., etc.

« La *Chartreuse* occupe la place de la chapelle que le duc de Bretagne Jean IV avait érigée sur le champ de bataille d'Auray. Ainsi la même terre recouvre les compagnons de du Guesclin et les compagnons de Sombreuil (1). »

Pendant les exécutions, des femmes veillaient aux environs, prêtes à secourir ceux qui parviendraient à se sauver ; une vingtaine à peu près eurent ce bonheur ; on cite Fournier de Boisairault d'Oiron, qui se jeta à terre au moment où l'on tira et qui s'échappa ; un autre, un jeune homme, Rieux, le dernier rejeton d'une des plus illustres familles bretonnes, s'élança des rangs des victimes et s'enfuit à travers les champs et les marais ; il avait franchi une petite rivière à la nage, et était près d'atteindre un bois où on l'attendait, quand une balle le frappa ; il tomba au lieu même où, quatre cents ans auparavant, son aïeul, le maréchal de Rieux, était mort à côté de Charles de Blois (2).

« Les émigrés de Quiberon, a dit Napoléon, sont descendus les armes à la main sur le sol de la patrie, mais ils l'ont fait pour la cause de leur roi, ils étaient salariés de nos ennemis, cela est vrai, mais ils l'étaient pour la cause de leur roi ; la France donna la mort à

____

(1) *Revue de Bretagne et de Vendée*
(2) Le P. Arthur Martin, *Pèlerinage à Sainte-Anne d'Auray.*

leur action et des larmes à leur courage; tout dévoûment est héroïque (1). »

Un poëte viendra, un jour, **qui** redira ces scènes pathétiques, et, comme Shakespeare, déroulera l'histoire des guerres civiles de la patrie, l'épopée de nos gloires et de nos malheurs, de nos héros et de nos martyrs; et il lui suffira, pour être sublime, de représenter la vérité.

(1) *Mémoires.*

V

Les Rochers. — Combourg.

Madame de Sévigné et Chateaubriand.

En sortant de Vitré, on suit un joli chemin qui serpente; à un détour, on longe un mur qui soutient une terrasse; une simple barrière, au bout de ce mur, sépare le chemin d'un vaste préau : on est arrivé. Ce préau c'est la grande cour; à droite, la chapelle, ronde comme un pigeonnier; à gauche, les servitudes; au fond des bâtiments en équerre, au milieu desquels s'élève une tour à plusieurs pans, le château. Les gravures en donnent une assez exacte idée; c'est plus qu'une maison, et ce n'est pas tout à fait un château. A peine depuis deux siècles y a-t-on touché. A l'exception de la teinte grise dont le temps a recouvert la pierre, tel il devait être au temps de madame de Sévigné.

Rien de plus simple, et, pourtant, combien cette modeste demeure émeut plus que ces grands châteaux que l'on rencontre partout et qui s'étalent somp-

4.

tueusement dans leur architecture neuve! C'est qu'ici
il y a une âme qui vivifie tout, et qui donne un sens
à ce que l'on voit. On n'est point ici étranger et isolé,
on marche accompagné d'une personne que l'on ne
voit pas et qui cependant est présente, cette charmante femme, si vive et si gaie que tous ceux avec
qui elle avait commerce en étaient animés et réjouis,
une de ces femmes autour desquelles on se groupe,
qui, en quelque lieu qu'elles aillent, et dès le premier
moment, deviennent le centre d'un monde et exercent,
sans y songer et naturellement, le prestige d'une
douce et légitime royauté.

Aussitôt, et par un soudain mouvement de l'esprit,
ses lettres, ses récits reviennent en notre pensée. C'est
dans cette cour qu'un dimanche, à l'instant où elle finissait d'écrire à sa fille quelques-unes de ces lignes
d'une tendresse qui ressemble à la passion, en regardant par la fenêtre, elle vit arriver un grand et nombreux train de seigneurs, « quatre carrosses à six
chevaux, avec cinquante gardes à cheval, plusieurs
chevaux de main, et plusieurs pages à cheval. C'é-
taient M. de Chaulnes, M. de Rohan, M. de Lavardin,
MM. de Coëtlogon, de Lokmaria, les barons de Guais,
les évêques de Rennes, de Saint-Malo.... » On suit
cette brillante société dans le salon. Ce salon, à peu
de détails près, est le même qu'en 1672; au rez-de-
chaussée, éclairé à la fois par la cour et par le jardin,
tout en boiserie, selon le style du temps, ce qui avait
autrement de grandeur que nos papiers peints moirés

et lustrés; une vaste cheminée, large, profonde, avec de beaux chenets de bronze qui, ainsi que tout ce qui se faisait dans ce temps, semblent faits pour durer des siècles; sur la cheminée une de ces hautes pendules incrustées d'écaille et de cuivre, comme on en voit dans les palais de Louis XIV; puis, suspendus aux panneaux, dans de vieux cadres sculptés, les portraits brunis de toute cette famille de guerriers, de magistrats, de fins et spirituels courtisans, de saintes même, les Rabutin, les Sévigné, les Coulanges, les Chantal, noble et grave compagnie parmi laquelle elle vivait, et avec qui, lorsqu'elle levait les yeux de son papier, elle échangeait des pensées et continuait la causerie étincelante, gracieuse et attachante de ces lettres que l'on se passait de main en main et dont on s'arrachait des copies.

Du salon on entre de plain pied dans le jardin, un vaste jardin carré, à grandes allées droites, « tout à fait sur le dessin de Lenôtre » avec des arbres artistement taillés et une double ligne d'orangers vieux déjà de son temps, un vrai jardin français, avec une terrasse à l'une des extrémités. Les Rochers sont situés sur un plateau et la terrasse en est le point le plus élevé : de là, on embrasse toute la campagne d'alentour, arrondie comme un vaste cirque, basse au premier plan, puis montant en pente douce jusqu'à l'horizon. Cette campagne a un aspect monotone : ce ne sont que bois et landes; à peine une ou deux maisons et un clocher au milieu des arbres : tout fait silence, on est au bout du monde, dans un désert. Et, en se retournant, on a devant soi le jardin fermé par les arbres du parc comme par un rideau, le jardin plat et sans voix dont la solitude prolonge la tristesse du paysage : bientôt, le calme universel qui plane autour de vous envahit et domine l'âme, on n'a plus envie de parler, et l'on ralentit le pas.

Dans le parc, même solitude : le mail a été abattu, mais ils existent toujours ces vieux arbres qu'elle-même avait plantés, qu'elle avait vus « pas plus hauts que cela, » et qui avaient formé ces belles avenues couvertes dont elle disait : « C'est passer une galerie que d'aller au bout. » C'est là qu'elle se sauve dès le matin, emportant avec elle un « petit livre, un livre de dévotion et un livre d'histoire, » Tacite, la *Vie de saint Thomas de Cantorbéry*, le Tasse, les *Iconoclastes*, et surtout et le plus souvent Nicole, Nicole qui est « de la même étoffe que Pascal, » qu'elle ne se lasse pas de louer, de recommander à sa fille et à ses amis, et dont elle voudrait, tant elle s'en trouve l'esprit nourri, « faire un bouillon pour l'avaler. » Là , elle passe des jours « toute seule, tête à tête, rêvant un peu à Dieu , à sa providence, possédant son âme, » allant du livre de dévotion au livre d'histoire, « cela fait du divertissement, » de temps en temps interrompant sa lecture pour admirer « ces beaux arbres devenus grands et droits, » ces longues allées « où l'on est mieux que dans une chambre, » où il ne vient personne, et dont « rien n'égale le silence, la tranquillité et la solitude. »

Vous figurez-vous cette grande dame habituée à la conversation des plus beaux esprits de Paris et de Versailles, que le gouverneur de Bretagne et la princesse de Tarente, et tout ce qu'il y avait de distingué aux États de Bretagne, venaient chercher, emmener malgré elle, et dont il semblait qu'on ne pouvait se passer, la voyez-vous absorbée et ravie par la tristesse de ces bois solitaires? afin de la mieux savourer « marchant à l'aventure, » prêtant l'oreille au chant de mille oiseaux, au murmure des feuilles, « ah! la jolie chose qu'une feuille qui chante! » et s'arrêtant au bout d'une allée « où le couchant fait des merveilles! »

Ce n'était pas une mode alors d'affecter pour la nature une admiration qui dégénère en une adoration impie; on n'en parlait pas pour faire des phrases; mais, ainsi que ces grands hommes dont le génie se fortifie par les contrastes, ainsi que Molière, si plaisant au théâtre, si morne dans le monde, cette femme éblouissante de gaîté sentait naïvement la poésie du spectacle de la terre, sentiment fatal aux cœurs faibles, aux caractères faux, mais qui élève les âmes droites et sainement trempées.

Elle restait tard en ces bois : « Je n'en reviens pas que la nuit ne soit bien déclarée, que le feu et les flambeaux ne rendent ma chambre d'un bon air. » Cette chambre est une pièce au rez-de-chaussée, longue, à panneaux de boiserie comme le salon, et éclairée par une seule fenêtre : au fond, le lit; le long des murs, des fauteuils de soie cramoisie; près de la fenêtre, le

secrétaire ouvert, et l'écritoire de laque et le registre
où elle recueillait les meilleures pensées des auteurs ;
puis, dans un angle, le cabinet avec l'étroite psyché
drapée, et les boîtes et les petits ustensiles de toilette,
et le petit fauteuil rond et bas où elle s'asseyait pour
se faire poudrer : tout cela y est encore. Voilà le lieu
choisi, séparé des grands appartements où elle se retire le soir, « une bonne chambre avec un grand feu. »

Ce n'est plus le temps de la rêverie vagabonde, c'est
l'heure de la méditation et des fortes lectures : elle les
fait le plus souvent en compagnie de son fils ou de
l'abbé, ou de quelqu'un de ces familiers que l'on avait
au XVIIe siècle, intermédiaires entre le serviteur et le
maître, dont on disait *un tel, gentilhomme appartenant
à M. le Prince*, et que l'on traitait, à qui l'on parlait
avec une simplicité aimable qui mettait à l'aise sans humilier. Elle préférait lire à deux, car « il y a une grande
différence entre lire seule ou avec des gens qui relèvent les beaux endroits et qui réveillent l'attention. »
Et ces livres (elle fait observer qu'elle garde pour le
soir tout ce qu'elle a de plus gros), ce sont des histoires, Amyot, Josèphe, Davila, Guichardin, des traités
de philosophie, Pascal, Descartes, Mallebranche, ou
les Pères, les *Homélies* de saint Chrysostome, saint Hilaire, saint Prosper, Abbadie, les *Variations*. Elle a sous
a main les moralistes, les poëtes, les ascètes, qu'elle a
apportés de Paris, et rangés dans son cabinet ; peu de
romans ; et si elle « se laisse prendre à la glu de la
Calprenède et de sa Cléopâtre, » ce n'est qu'un mo-

ment, un souvenir de jeunesse, et elle s'en excuse comme d'une faiblesse.

Telles étaient les études habituelles aux femmes de la plus haute société de ce temps, des études sérieuses, solides, presque viriles ; la plupart, et madame de Sévigné la première, savaient et parlaient plusieurs langues, l'italien, l'espagnol, quelques-unes le latin. Et ces études, elles les continuaient non-seulement jusqu'à l'âge où elles se mariaient, mais toute leur vie, non pour s'en prévaloir, mais pour être capables de converser avec les hommes, de connaître les choses les plus utiles au vrai but de la vie, pour s'améliorer et se perfectionner. De là cette sûreté de jugement, cette justesse de goût, cette langue exacte, pleine, nourrie, qui s'unissaient à la grâce, à la légèreté, à la délicatesse propres à la femme, et rendaient leur conversation si aimable et leur commerce si attachant. Parfois, une marquise de La Fayette, une madame de Sévigné, écrivait un petit livre de récits, de portraits faits d'après les modèles qui avaient passé autour d'elle, ou des lettres, mémoires improvisés, qui mettaient en scène le roi, et la cour, et la ville, et toute cette société, la plus brillante de notre histoire; et, dans ce petit livre qu'on avouait à peine, dans ces lettres écrites sans effort, au vol de la plume, les juges les plus difficiles reconnaissaient, et la postérité admire en s'étonnant la fine observation et la peinture fidèle des hommes, des mœurs, des caractères, et la pensée, l'éloquence, le style précis, la force comique, mieux encore le véritable esprit et le charme, les plus rares qualités des grands écrivains.

Madame de Sévigné n'a pas décrit son château; si elle jette çà et là quelques mots sur son parc, son jardin, sa chambre, son mail, c'est à propos de ce qui se passe, de ce qu'elle fait. Une préoccupation vaniteuse ne la fait pas parler; elle ne pouvait moins dire, et, cependant, par ce peu de mots, elle donne une idée exacte et vraie de ce qui est; lorsqu'on va chez elle, ce que l'on attendait, on le trouve. M. de Chateaubriand, au contraire, s'est attaché à faire un imposant tableau du lieu où il passa sa jeunesse : pour le haut personnage qu'il y va peindre, il faut un cadre colossal. Le Combourg qui reste dans l'esprit après la lecture de ses Mémoires, c'est un château immense, aux vastes salles sans nombre, un désert de pierres, *où auraient été à l'aise cent chevaliers avec leur suite;* du village il est à peine question ; on voit seule la terrible forteresse, noire, menaçante, isolée, surgir du milieu des bois. Les habitants de ce sombre manoir prennent alors une proportion énorme: le père, dur, silencieux, redouté de toute sa famille, renfermé le jour, et n'apparaissant que quelques heures le soir, comme un spectre dont la présence comprime les sentiments, les vœux et jusqu'aux paroles de sa femme et de ses enfants ; la mère brisée et mourante sous cette étreinte de fer; la sœur rêvant mélancoliquement d'une passion fatale qu'elle combat sans savoir comment la nommer ; le fils enfin, triste, inquiet, sauvage comme

Hippolyte, passant ses journées dans les bois, et, un fusil à la main, s'enivrant de l'indépendance des landes désertes. On dirait d'une famille des temps homériques, d'un de ces clans perdus dans une gorge de montagnes, qui communique à peine avec le reste du monde, et dont les fils sont déjà des héros : par son aire haut montée, par ses premiers coups d'aile, par ses penchants de roi, il a voulu se montrer aigle dès le commencement.

A l'exception de quelques bois qui ont été abattus, rien n'a changé à Combourg : la grande allée près du préau, les servitudes, le préau même, les marronniers au pied du perron, le château, sont intacts ; l'impression que l'on reçoit n'est pourtant pas tout à fait d'accord avec celle des *Mémoires*. En arrivant dans le bourg, ce n'est pas sans étonnement qu'on le trouve à la fois si considérable et si rapproché du château : c'est, non pas un petit village, mais presque une petite ville, aux rues larges, aux maisons des xve et xvie siècles, en pierres de taille, séparées, isolées l'une de l'autre par d'étroites ruelles, comme dans plusieurs villes de Bretagne, ce qui leur donne l'apparence de logis féodaux. Le portail de l'avant-cour du château s'ouvre directement sur l'une des rues ; le château est ainsi, sauf la grandeur, comme une des maisons du bourg. il en fait partie intégrante ; ce voisinage amoindrit un peu son importance.

Vu du préau, le château, avec ses grosses tours rondes, ses toits aigus, ses mâchecoulis, sa façade morne percée de deux ou trois fenêtres, son haut perron, a un aspect imposant ; mais, à l'intérieur, l'effet n'est plus le même. La salle qui sert de vestibule est basse et mesquine, la cour petite, étroite, comme ces cours des maisons de Paris qui ressemblent à des puits entre de hautes murailles. On rencontre deux ou trois pièces qui seraient grandes à la ville, mais pas une de ces vastes salles des vraiment grands châteaux de Clisson, de Tiffauges ou même de Sucinio ; le reste n'est que chambres de dimension médiocre et petits cabinets dans les tours ; on cherche cette multitude de chambres dont parle M. de Chateaubriand, on les a vite comptées et visitées : non-seulement cent chevaliers et leur suite n'y auraient pas été à l'aise, mais, on le peut affirmer, trente personnes y seraient gênées.

Cette exagération sur un point si facile à vérifier donne quelques doutes sur le reste. Puis, en parcourant le château, on vous montre la chambre de Chateaubriand enfant : c'est une petite chambre, ronde, dans une tour, à fenêtres étroites, qui l'empêchent d'être sombre plutôt qu'elles ne l'éclairent. On y a apporté les meubles qu'il avait dans sa chambre à Paris, en ses dernières années : un petit lit de fer, des rideaux de calicot attachés à un ciel-de-lit en fer, un crucifix de fer, un encrier de fer, un bénitier de fer, une table du bois le plus commun. Voilà les meubles de M. de Chateaubriand, ancien ministre, ancien ambassadeur ! Quoi ! c'est là la table où il écrivit cette pompeuse description du château de ses pères, et où, tout en protestant n'y attacher aucune importance, il eut soin de rédiger, en tête de ses mémoires, une si complète généalogie de sa famille! tant d'orgueil avec un mobilier plus modeste que celui d'une cellule de moine! A la fois la superbe montant au faîte et s'écriant : Voyez comme je suis grand! et l'humilité descendant plus bas que le dernier des visiteurs! On ne s'abuse pas à cette simplicité affectée; ce n'est pas l'imagination qui l'a égaré; il y a parti pris : il a voulu forcer l'admiration par un contraste sensible à tout le monde; il faut, comme en face de son tombeau, que l'on dise : Quelle modestie! Oui, la modestie de ce philosophe au manteau de mendiant dont les trous laissaient voir son orgueil, cette humilité s'étale si publiquement qu'elle produit le même effet que la plus dédaigneuse fierté : on en est blessé, on la dédaigne aussi et l'on n'en tient compte.

Il est des écrivains qui gagnent à être fréquentés; telle est madame de Sévigné. L'homme n'aime rien tant que de trouver l'homme dans un auteur; c'est ce qui fait le charme des anciens, de Plutarque en particulier, et madame de Sévigné, en écrivant, est restée femme. M. de Chateaubriand, au contraire, tend sans cesse à ne pas paraître homme, il pose comme un être en dehors, au-dessus de l'humanité; il ne songe qu'à se faire admirer; il n'a ni naturel ni naïveté, on sent partout l'effort, dans son style comme dans sa vie: aussi n'inspire-t-il pas de sympathie; on consent parfois à l'admirer, on ne parvient pas à l'aimer ; et l'on ne va pas volontiers chercher un maître qui vous parle toujours de haut. Madame de Sévigné se fait tout d'abord aimer, ce n'est qu'en second lieu qu'on l'admire, et, plus on la connaît, plus on désire la visiter.

VI

Saint-Ilan.

Colonie agricole. — Un poëte et un soldat bretons.

Lorsque l'on suit la côte âpre et haute de la baie de Saint-Brieuc, à une lieue environ de la ville on aperçoit une flèche neuve et élégamment découpée qui domine la campagne : c'est la chapelle de Saint-Ilan, et cette chapelle indique aussitôt quelle pensée a inspiré cette colonie d'agriculteurs et d'orphelins, asile de charité ouvert au repentir, à la renaissance morale et au dévoûment.

Bientôt apparaissent les toits d'ardoises de la ferme, les étables, les ateliers, les bâtiments d'exploitation groupés sur une pente douce qui descend à la mer. Tout alentour, les champs sont mieux cultivés, les arbres plus vigoureux, les prairies plus vertes et plus fraîches : on sent partout une sollicitude intelligente et toujours présente. Dans les sentiers sinueux passent, conduisant de beaux attelages, des hommes, de jeunes garçons, vêtus de la blouse uniforme du travail : à leur air, à leur tenue régulière, on reconnaît que ce ne sont pas des paysans ordinaires ; en les disciplinant la règle les a ennoblis. Les enfants ont une allure heureuse, le visage gai, un regard ouvert qui semble interroger et vouloir saisir la réponse ; les hommes, une démarche grave, une physionomie sereine et sérieuse à la fois, quelque chose de concentré et d'ardent, comme on se figure les premiers chrétiens : ce sont, en effet, des chrétiens, et les enfants, des orphelins, de pauvres petits abandonnés, retirés du vagabondage ou du vice, rendus par la religion et le travail à la vie de l'âme et à la santé du corps ; les *frères laboureurs*, d'énergiques successeurs des moines qui défrichèrent du même coup, en Bretagne, les champs et les cœurs. Et ces frères, et ces orphelins guidés par quelques prêtres, composent cette colonie de Saint-Ilan fondée par un poëte (1), ruche d'où se sont déjà élancés des essaims nombreux d'agriculteurs, mère féconde dont les enfants sont destinés à couvrir un jour l'Armorique de leurs associations laborieuses, réalisant, sans emphase et sans discours, l'alliance fraternelle du riche et du pauvre, avec la charrue et sous le signe de la croix.

Près de la ferme est l'habitation du fondateur de la colonie, le *naïf manoir* (2) entouré et surmonté de

(1) M. Ach. du Clésieux.
(2) M. Sainte-Beuve.

grands arbres entre lesquels on voit la mer. Partout un silence immense, ce silence des champs qui étonne l'habitant des populeuses cités, qui d'abord l'attriste, mais dont ensuite il se sent pénétré, dont il jouit et goûte la saine quiétude ; le silence sur la terre, et dans l'éloignement le bruit de la mer, ce murmure des flots qui ne cesse jamais, qui est toujours le même, et que le cœur écoute, toujours attentif et également charmé de cette plainte monotone, lui qui change incessamment.

On entre dans cette paisible demeure ; un petit salon, sanctuaire de la famille, est décoré de tableaux recueillis avec un soin délicat et sous l'inspiration d'une pensée unique : des sujets religieux, une vue de Rome, le *forum* semé de ruines, image immortelle de la société païenne détruite, quelques portraits, celui de Brétignières, un des fondateurs de Mettray, du prince Théodore Galitzin, qui déposa 25,000 francs sur la première pierre de la chapelle de Saint-Ilan, et, à une place choisie, présent inappréciable du peintre, une reproduction excellente du *Saint Augustin et sainte Monique* d'Ary Scheffer. Tous deux, la mère sainte, et le fils, ce *Platon purifié*, selon le mot du grand philosophe chrétien (1), ils conversent un soir, appuyés à une fenêtre, les yeux au ciel, reflétant en leurs regards l'infini des cieux ; les sublimes pensées montent de leur âme, ils ont cette aspiration de l'immortalité qui, dans les natures élues, se change en une passion

(1) Saint Thomas d'Aquin.

épurée, et les soulève de la terre et les transfigure, comme si déjà elles vivaient de la vie éternelle.

Cabinet d'étude, lieu de retraite et de prière, là on se recueille et l'on médite ; voyageur venu des grandes villes, une atmosphère calme descend sur vous et vous enveloppe ; vous sentez un apaisement inaccoutumé.

Là, passe la meilleure partie de ses jours le poëte qui, naguère, au temps des vives luttes littéraires, combattit au premier rang, et qui, sorti jeune encore de la bataille, a fait de la charité la mission et le but de sa vie. Souvent il se mêle à ces frères laboureurs, à ces enfants qu'il instruit par sa parole et son exemple, s'occupant aux travaux des champs, sous le ciel, à cette culture de la terre qui assainit le corps, et d'où l'on revient toujours le cœur content et le front dégagé ; la vaste étendue des champs qui s'enfoncent à l'horizon, la terre où le germe croît sans bruit, donnent le sentiment d'une force puissante qui produit sans hâte, avec sérénité. Le soir, il retrouve autour de son foyer la famille réunie, l'épouse pieuse, les filles belles de cette beauté éclatante et ferme des filles de la mer, ses domestiques vieillis dans la maison, ou qu'il a vus naître, et à qui il parle avec cette familiarité, ce tutoiement du maître respecté qui, au lieu de blesser, attache. C'est une vraie demeure bretonne ; on y a des sentiments bretons, l'amour du sol, un noble orgueil de la vieille race armoricaine, et comme un reste de cette fierté nationale qui semble protester et revendiquer son antique gloire.

Je la vois encore, la belle jeune fille, à qui nous étrangers de France, nous demandions un soir une chanson de son pays. Elle commença un chant de guerre, *Lez-Breiz*, le Chevalier breton, héroïque récit d'une lutte corps à corps de Bretons contre Français, et où les Bretons étaient vainqueurs :

> Entre deux seigneurs, un Franc, un Breton,
> S'apprête un combat, combat de renom.

Coupé en courtes strophes, tantôt le chant retentissait cadencé comme le pas d'un cheval de guerre qui fait sonner l'armure, tantôt il semblait suivre les coups répétés des épées sur les casques d'acier. Et la jeune Bretonne, aux yeux brillants, debout près du piano muet, sans autre accompagnement que le murmure de la mer qui se brisait au pied des murs, s'animait en cette bataille, de sa main tendue donnant le signal :

> J'aperçois Lez-Breiz, suivi de ses gens,
> Bataillon nombreux armé jusqu'aux dents;

ou de sa voix fière entonnant l'hymne du triomphe de Lez-Breiz :

> Treie combattants tombés sous ses coups !
> L'insolent Lorgnez, le premier de tous.
> Lez-Breiz sur leurs corps s'en vint s'accouder,
> Et se délassait à les regarder (1).

Et nous, souriant à cet enthousiasme, nous admirions sa beauté pure, et cette noble jeune fille nous

______

(1) A. Brizeux, *Histoires poétiques*.

5.

apparaissait comme la figure idéale de la Bretagne des anciens âges, célébrant les chocs chevaleresques et chantant d'héroïques morts.

Ou bien, ce sont d'autres scènes d'un caractère antique : à la fin du repas qui rassemble la famille, entre dans la salle un ancien soldat, naguère vaillant serviteur du grand Empereur, aujourd'hui contre-maître de Saint-Ilan. Le poëte, d'un regard affectueux et cordial, lui montre une place entre ses deux filles ; et le vieux soldat, qui porte sur sa poitrine la croix qu'il a payée du prix de ses blessures, s'asseoit à la table hospitalière où on lui sert une coupe d'un vin qui réjouit son cœur. La tête droite, la physionomie grave, de cette gravité que donne l'habitude de l'obéissance, le regard calme et ferme, il se tient immobile et attentif, en cette placidité propre aux vieux soldats qui, à la fin de leur vie, se recueillent silencieux dans le souvenir des combats éloignés.

Quelques mots du poëte raniment ces souvenirs profonds, les étrangers l'interrogent, et le grenadier de la vieille garde ouvre les pages depuis longtemps fermées du livre de son passé. On se sent grandir à ces récits de guerre, de ces combats qu'on n'a pas livrés, mais qui réveillent en nous les plus nobles sentiments : l'amour de la patrie et de la gloire, le dévoûment et le mépris de la mort. Il dit les guerres homériques où il se trouva, le siége de Saragosse, cet assaut des murs, des rues, des maisons, où les assiégés furent dignes de leurs vainqueurs, la campagne de France, Champ-Aubert, Montmirail, derniers grands coups d'aile de l'aigle blessé au haut des airs. Il était du petit nombre des soldats d'élite qui accompagnèrent l'Empereur à l'île d'Elbe. Il l'avait vu solitaire et soucieux errer sur la grève, s'arrêter au bord de la mer, du côté de la France, fixant sur l'horizon son long regard, comme s'il eût voulu passer par delà. Et quelques jours après c'était le départ, et la marche rapide à travers la France, et la troupe fidèle grossissant dans sa course, entraînant avec elle les volontés et les cœurs, puis courant vers le nord heurter les nations, et se dissipant et s'évanouissant enfin aux coups de la foudre.

Et, après avoir rappelé ces luttes de géants, ces efforts d'un héros qui combat le monde et ce désastre sans retour, lorsque ses lèvres se fermaient, le vieux soldat demeurait accablé et morne; les yeux baissés, il écoutait comme les derniers bruits de la bataille, la rumeur lointaine d'une armée qui fuit dans les ombres.

Le poëte, alors, pressant sa main d'une étreinte affectueuse : Marc Jaffrain, j'ai fait pour toi des vers; un jour, quinze ans aujourd'hui se sont passés,

> Je te dis : d'un projet je sens la noble envie :
> Veux-tu m'abandonner le reste de ta vie?
>
> . . . .
>
> Une larme brilla dans ton œil expressif,
>
> . . . .
>
> Et ton front devint fier comme un jour de combat.

Puis, bientôt poursuivant notre obscure conquête,
D'un groupe d'orphelins tu marchas à la tête.
Le matin, le clairon annonçait le réveil ;
Je te vois, devançant le lever du soleil,
Guider tes vingt enfants à l'âpre labourage,
Et par des chants pieux ranimer leur courage.
La journée à sa fin, tu t'asseyais alors,
Ton devoir s'appliquait aux travaux du dehors,
Le mien était d'ouvrir à ces intelligences
Les régions de l'âme et des humbles sciences ;
Et, lorsque finissait l'heure de la leçon,
Prenant sur tes genoux le plus petit garçon,
Retenant mieux que lui le sens de la parole,
Tu te trouvais heureux de faire aussi l'école.

. . . .

D'un jour rempli goûtant le repos plein de charmes,
Que de fois je serrai ta main forte avec larmes !
Et, depuis, le Seigneur a béni nos travaux (1).

Et le poëte encore dit la troupe d'orphelins, qui *au
signal du travail a saisi la charrue*, la *terre fécon-
dée* par les sueurs, la pensée marchant *dans des sentiers nouveaux*, les *biens réparateurs* répandus *par la
grâce d'en haut*, l'œuvre enfin, *complète et bénie,*

Dont après vous, mon Dieu, le fondateur c'est lui !

Et, tandis que passaient devant ses yeux, dans une
langue harmonieuse, ces quinze ans de travaux, de vive
ardeur et de dévoûment, un naïf sourire éclairait le

(1) UNE VOIX DANS LA FOULE : *à Marc Jaffrain.*

front du vieux soldat; il se réjouissait de ce bien qu'il avait fait, et que, semblable aux enfants, aux poëtes, aux âmes noblement douées, il avait déjà oublié.

Le paysage qui encadre ces scènes familières ou héroïques, a une grandeur solennelle : c'est la mer, la mer immense, *barrant et nivelant l'horizon sous sa ligne sombre*, comme dit le poëte (1) ; à de certaines heures, après qu'elle s'est retirée à une longue distance, en laissant nue sa grève de sable fin où se dessinent mille méandres, elle revient précipitée, grandissant à chaque pas, envahissant en peu d'instants le vaste espace lentement délaissé. Alors le père : Allons, à cheval ! à cheval !

Ma grande fille, heureuse avec tes dix-huit ans !

en avant dans la mer ! Vis-à-vis de ces flots qui s'avancent d'un irrésistible mouvement, l'homme a comme un désir sauvage de lutter avec eux ; un fier instinct le pousse, il semble qu'il veuille faire sentir aux éléments sa supériorité et sa force souveraine. Et, le front battu par la brise, aspirant l'haleine amère, tous deux vont au-devant de la masse d'eau vivante et profonde, et un cri de mâle volupté s'échappe de leurs lèvres :

Ta joie, ô jeune fille, est l'azur du ciel même !
La vague où nos chevaux entrent jusqu'au poitrail,
Fait naître sur ta joue un reflet de corail,
Quand tu t'émeus de ce baptême (2).

(1) Amédée Pommier.
(2) A. du Clésieux, *Promenade*.

Ainsi se passe la vie du poëte, face à face avec la nature, vie de la famille et du travail qui garde comme un souvenir des scènes de la Bible et d'Homère, ou mieux encore de l'existence indépendante des nobles Bretons des premiers siècles, bardes, agriculteurs et guerriers. C'est la vraie vie de l'homme, simple et fortifiante, et qu'un autre poëte, il y a longtemps déjà, idéalisa en ces beaux vers :

> .... Sur un rocher, devant l'éternité,
> Devant son grand miroir et son fidèle emblème,
> Devant votre Océan, près des grèves qu'il aime,
> Vous êtes resté seul à veiller, à guérir,
> A prier pour renaître, à finir de mourir,
> A jeter le passé, vain naufrage, à l'écume,
> A noyer dans les flots vos dépôts d'amertume ;
> Repuisant la jeunesse au vrai soleil d'amour,
> Patriarche d'ailleurs pour tous ceux d'alentour,
> Donnant, les instruisant, et dans vos jours de joie
> Chantant sur une lyre ! (1). . . . . . .

Parfois, après plusieurs années d'absence, le poëte vient à Paris ; il passe quelques soirs dans ce monde des salons agité par tant de passions diverses, qui espère si vite, qui désespère plus vite encore. Les projets précipités, les œuvres commencées, les monuments qui surgissent du sol, ces quartiers neufs qui s'improvisent, ce luxe bruyant, cette foule toujours empressée, ces joies, ces abattements sans mesure,

____

(1) Sainte-Beuve, *Pensées d'août, à Ach. du Clésieux.*

cette vie ardente qui se remue, gronde et éclate en ru-
meurs confuses, passent devant lui comme un éblouissement. Quelle mêlée, quels contrastes ! Bien et mal,
charité sincère et vanités de charité ; oubli de l'âme,
de l'éternité, et aspirations à la foi ; la même foule se
ruant aux théâtres pour y savourer les âpres émotions
des filles de marbre, et se pressant dans les temples,
suspendue à la parole d'un prêtre qui lui dévoile ses
vices secrets ; se rassasiant, en sa soif immodérée de
plaisir, de voluptés sans les goûter ; et presque au
même instant, à la voix d'un orateur, au chant d'un
poëte, se recueillant attentive, écoutant d'une oreille
délicate et charmée les accents inspirés qui réveillent
en elle les sublimes sentiments, longtemps assoupis,
jamais éteints, qu'il suffit de remuer pour qu'il en jail-
lisse une flamme comme d'un foyer immortel !

Et lui, nouveau venu, étranger à cette mêlée, au
bord de cette tempête de la vie sociale, plus émouvante
que la tempête des flots qui battent ses grèves, il s'a-
nime, son cœur bat vivement à ces vives impressions ;
et, parmi ces *voix de la foule*, lui aussi il jette sa voix,
cri énergique du *vates*, poëte et devin, essayant d'arrêter cette foule qui court au hasard et qui prodigue
chacun de ses jours comme si chaque jour n'avait pas
de fin. Il écoute, il contemple la rumeur de cette fournaise où mugissent mille matériaux en fusion, ce qui
surgit à la surface, ce qui vole en l'air, ce qui fait
éclater les applaudissements ou est accueilli par les
huées. Et ce *Paris, bourse, mode, sermon, théâtre, cha-*

rité, faux plaisir, ni vice ni vertu (1), le drame du siècle, il en trace à grands traits une large fresque, comme ce tableau de naufrage que le peintre antique avait suspendu sur le rivage au bord des vagues bruissantes.

> De toutes les cités ô cité souveraine,
> Paris, qui t'a donné ton fier bandeau de reine ?
>
> . . . .
>
> Tes foules éveillant, comme au loin les rameurs,
> De sourds mugissements ou de vastes clameurs?
>
> . . . .
>
> Le travail t'embrassant, quand sa grande aile s'ouvre,
> Depuis le Panthéon jusqu'aux sommets du Louvre,
> Animant les marteaux, la scie et les leviers,
> Et ne laissant dormir aucun de tes quartiers ;
>
> . . . .
>
> Tes orchestres géants, tes fêtes colossales,
> Tout ce tumulte enfin, ce brillant coloris
> Qui rend belle à ton front ta couronne, ô Paris !

Cette voix, ainsi que son modèle, a ses cris d'enthousiasme et de douleur, de désolation et de dédain, d'admiration et de colère ; mais elle ne se confond pas avec toutes les autres. Ces émotions profondes du poëte, elles ne vibrent pas du même son que les émotions de la multitude, elles ont un accent étrange, inaccoutumé, et qui, par sa dissonnance, les fait en-

(1) Titres des principales pièces du volume de poésies intitulé : *Une voix dans la foule.*

tendre au-dessus de l'universelle clameur. Ce poëte est un chrétien agissant ; il possède ces vertus chrétiennes qu'a ignorées le monde antique : il juge, il condamne, mais il aime ; il s'émeut des douleurs de l'humanité, de ses vices, de ses erreurs, il sait ce que valent les *cœurs souffrants*, les *cœurs aimés*; d'une voix douce et tendre il les encourage et les console ; il fait briller la lumière immortelle aux yeux des faibles et des égarés, et il les entraîne après lui dans son aspiration vers Dieu.

VII

La mer.

Nous aimons tous la mer ; tous, nous nous arrêtons avec admiration devant sa plaine immense : nul qui, la première fois, ne soit remué à son aspect ; nul qui ne rêve de la revoir une fois qu'il l'a vue. Pour quelques-uns elle est une amie ; dès qu'ils y reviennent, de loin ils se hâtent, comme on court vers un être cher après son absence. En face de la mer, les âmes tendres sont plus rêveuses, les esprits puissants plus méditatifs, les plus insensibles même s'étonnent. Sur un rocher, au bord des flots, les élégants et les futiles du monde, aussi bien que les philosophes, s'asseoient et, des heures entières, immobiles, remplis d'idées inexprimées, demeurent là, à la regarder.

Qu'y a-t-il donc de commun entre nous, ô hommes, et la mer ? quel charme ont ces flots qui passent ? quelle cause de cet universel attrait ? Est-ce son immensité? Le ciel aussi est immense, et il n'est donné qu'aux Augustin de l'absorber dans sa contemplation de la sérénité des cieux. Est-ce son uniformité? Le désert aussi est uniforme, et on le traverse, on ne s'arrête pas. Non, ce qui, en la mer, attire, attache, c'est le mouvement, parce qu'il est l'image de l'action, de ce que cherchent partout les hommes qui, lorsqu'ils ne peuvent agir, ont besoin de voir agir. Le reflux emmène la mer, je la suis s'éloignant, je la suis revenant; je sais qu'elle ne manquera pas, je l'attends, et, avec elle, le mouvement toujours le même, toujours nouveau, toujours vivant. Parfois mon regard s'arrête à un point obscur, à une voile qui s'enfonce derrière la courbe de l'horizon; mais, toujours je me reprends à contempler ces flots qui se succèdent à mes pieds, et dont pas un ne revient après qu'on l'a vu.

Nous levons les yeux au ciel, car c'est l'espoir, l'avenir; là est la vraie vie immuable, éternelle, et qui, par cela même, est l'action éternelle. Ce regard que nous lançons au ciel est une aspiration, un geste de l'âme qui se porte vers l'idéal; et il ne dure pas, c'est un éclair. Mais le mal qui est en nous demeure, la soif de l'infini; et, enveloppés par le corps, ne pouvant pénétrer l'infini même, nous en poursuivons le signe et l'imparfaite image ici-bas dans ce qui s'en rapproche le plus, la mer. La mer semble tenir sa vie d'elle-même, elle nous fascine, et nous la regardons avec une insistante insatiabilité, comme si, par cette contemplation tenace, nous allions saisir le secret de la vie infinie, l'arrêter et la fixer.

La Manche, resserrée entre la grande et la petite Bretagne, est plus agitée que l'Océan ; ses vagues, pressées et battant le rivage d'un mouvement plus violent et plus saccadé, ont découpé les côtes du nord de la Bretagne comme le ciseleur taille l'ivoire en mille dessins variés : c'est une suite de criques, d'anses, de baies creusées dans les terres, de caps et de promontoires qui s'avancent dans la mer, de petites îles et de rochers nus semés sur la plaine azurée et que le flot entoure d'une écume argentée. Telle est la côte qui regarde l'Angleterre ; au point où le rivage fait un coude et monte vers le nord pour former la presqu'île de Normandie, la mer, au contraire, rase le bord plutôt qu'elle ne le heurte ; sur quelques points même, elle s'est retirée : autrefois elle brisait ses flots contre les murs de Dol ; depuis des siècles elle s'est éloignée jusqu'à près de trois lieues ; où jadis revenaient incessamment les vagues qui ne s'épuisent pas, s'étend une longue plaine sans rides, presque au niveau de la mer dont elle est la suite et le prolongement sans transition, on dirait que la terre a bu toute l'eau ; et elle est devenue fraîche, fertile, richement cultivée, semée de milliers de beaux arbres.

Mais la mer, dominatrice hautaine, en se retirant, a laissé une marque de la souveraineté qu'elle a eue sur cette terre. Au milieu de la plaine s'élève, à plusieurs centaines de pieds, un amas de rochers escarpés du côté de l'Océan, à pans rudement coupés et portant les traces des tempêtes qui les ont âprement taillés : on l'appelle le Mont-Dol, tant il paraît haut sur ce sol nivelé comme avec la main. Isolé dans la plaine verdoyante qui ressemble à un jardin, ce monceau de rocs est encore une île.

De son sommet on embrasse une vaste étendue : devant soi la baie de Cancale tout entière, à gauche la côte de Bretagne qui fuit vers l'ouest, à droite celle de Normandie qui monte vers le nord, et dans la mer même, tour à tour île et presqu'île, le mont Saint-Michel, bâti sur les rochers et s'élançant en pointe comme une pyramide. Le mont Saint-Michel est une forteresse; le Mont-Dol, au contraire, est un lieu de prière et de secours. Sur le point le plus élevé, les Bretons ont élevé une statue de la Vierge ; de fort loin en mer, on voit se dessiner sur le ciel sa forme blanche. De cet écueil où jadis se brisaient les navires, aujourd'hui la Vierge clémente dirige les matelots et leur indique la route du port.

A l'ouest, la côte de Bretagne a un autre caractère ; en face de l'Atlantique, elle est largement et profondément ouverte : là, l'Océan a toute sa puissance, rien ne l'arrête, ses longues lames viennent du fond de l'horizon sans obstacle, jusqu'à cette terre qui semble se détacher en avant pour leur résister. Ainsi qu'un fort de granit, le Finistère a devant lui une armée qui l'assiège et l'assaille incessamment de ses vagues innombrables, lutte de la force immobile contre l'action qui ne se repose pas. En ce combat qui dure depuis des siècles, la terre, si rude qu'elle soit, a été vaincue : l'Océan, avançant d'un mouvement lent et continu, pied à pied, gagne un peu chaque jour; il sape, il ronge, il mine; il s'insinue patiemment par les plus faibles endroits. Ici, s'enfonçant dans le sol, il perce des puits ouverts en entonnoirs, de hautes arcades sous lesquelles il passe comme un triomphateur, en élevant sa rumeur qui ressemble à celle d'un peuple; là, il creuse des grottes profondes, des cavernes sonores dont il heurte le fond d'un coup sourd de ses lames, comme un bélier qui bat une muraille. Tels le *Trou du Diable* et les *Grottes de Morgatte,* dans la presqu'île de Crozon, que la mer a taillées largement dans le roc.

Mais, à de certains jours, jours d'attaque générale, la mer ramasse toutes ses forces, hérisse son dos de vagues et se précipite contre la terre d'un élan si violent et si emporté qu'elle franchit d'un coup les remparts de granit; l'enceinte est entamée, la brèche est ouverte, une vaste étendue s'efface sous les flots. L'assaut de la mer a réussi, la voilà établie en cette place, elle n'en sortira plus. De l'ancienne enceinte de la terre, il ne reste çà et là que quelques rochers isolés (Ouessant, Sein, Belle-Ile, Houat, Hœdic, etc.), bastions séparés du corps de la place, perdus au milieu de l'ennemi et destinés, tôt ou tard, à être engloutis.

C'est ainsi qu'ont été découpées dans la masse de la

presqu'île les grandes baies de Brest, de Douarnenez
et d'Audierne.

A Brest, la mer n'a pu rompre qu'une petite langue
de terre, mais, s'élançant par cette passe étroite (le
Goulet), elle a étendu sa nappe profonde jusque bien
avant dans les terres et a formé cette rade immense
où eussent manœuvré à l'aise les trois mille vaisseaux
de Xerxès, abri sûr, préparé de longue main pour les
flottes, et où le génie de Richelieu fonda le plus puissant arsenal de la France.

Le port de Brest, lorsque nous le vîmes pour la première fois, était rempli de vaisseaux qui revenaient de
Crimée, et avaient fait la campagne de Sébastopol et de
la Baltique. On débarquait tous les jours des bombes,
des boulets, des fragments de fer rouillés et brunis,
ramassés sur les champs de bataille. Dans les conver-
sations des marins et des soldats, à chaque instant re-
tentissaient les noms glorieux d'Inkermann, Traktir, la
Tchernaïa, Malakoff, et ces grands souvenirs, évoqués
par ceux qui avaient fait cette histoire, donnaient au
discours un air héroïque ; il semblait entendre des
éclats de clairons. Sur la poupe des vaisseaux on lisait
des noms immortels : *Austerlitz, Napoléon, du Guesclin,
Jean-Bart, Duquesne, la Reine Blanche, Louis XIV ;* çà
et là se dressaient muettes les canonnières formidables :
la canonnière, une masse sombre, large de proue et
de poupe, épaisse de bordage, un bloc noir de fer, avec
un court et gros tuyau au milieu ; elle marche, pas un
homme n'apparaît sur le pont, elle semble voguer seule

par sa propre impulsion ; on dirait un monstre, un de
ces grands cétacés que l'on voit flotter à la surface de
la mer. En face des murailles ennemies elle s'arrête ;
tout à coup, de ses sabords jaillissent des boulets énormes dans un nuage de fumée ; elle frémit et résonne
avec un bruit sourd en ses flancs de fer. L'ennemi
étonné qui l'examinait curieusement, aux entailles
qu'elle fait dans ses murs, reconnaît une machine de
guerre (1). A son tour, il riposte, mais sur la carapace
de fer les boulets ricochent et vont tomber dans les
flots ; la plus lourde bombe imprime à peine une trace
à ces plaques impénétrables. Ce n'est pas un vaisseau
de guerre, c'est une citadelle d'airain, comme en rêvent
les conteurs de combats de géants ; elle vomit le feu,
les génies qui le lancent sont invisibles.

Tout ce port était animé d'un mouvement puissant
et fort, comme un corps robuste où la vie ne s'arrête
pas. Entre les grands navires, par d'étroites passes et
de sinueux canaux, circulaient en tous sens des barques
de toute forme et de toute grandeur, et la svelte balei-
nière aux avirons flexibles, volant rapide comme un
oiseau, et les larges chalands, pesamment chargés, que
vingt-quatre vigoureux rameurs, les bras tendus sur
leurs longues rames, se baissant et se relevant d'un
mouvement uniforme, font avancer péniblement. Le
long du quai, des bandes de forçats halaient des barques

______

(1) Les Russes, à Kynburn, prirent, un instant les canonnières pour
des *chalands*, gros bateaux de transport.

que guidait un autre forçat, seul debout à l'arrière :
une corde passée sur l'épaule, penchés à la file, ils allaient d'un pas lent et lourd, sans hâte, sans ardeur.
Pourquoi s'efforcer? mollesse et ardeur sont également
indifférents; pourquoi se hâter? le temps pour eux ne
marche ni plus ni moins vite, ils ont devant eux l'éternité. Tandis que ces hommes avilis passaient près de
nous, couverts d'ignobles casaques, la tête à demi cachée sous leurs bonnets jaunes, figures pâles et rayées
de rides basses, à l'œil terne, à la bouche déformée,
physionomies sinistres ou abruties; en entendant le
chant monotone qui règle leurs pas pesants et qu'accompagne le cliquetis lugubre des chaînes, une horreur
secrète nous serrait le cœur, nous détournions les yeux
et nous nous écartions de ce spectacle terrible; et eux,
nous les sentions nous poursuivre de leurs longs regards, enflammés d'envie, de désirs féroces et d'une
haine furieuse contre ces heureux de la société dont ils
étaient séparés comme des damnés.

Sur les larges quais étaient amoncelés les munitions
et le matériel de guerre, les canons de toute grandeur,
rangés en lignes rigides, et allongeant leurs cous noirs
et lustrés, depuis les légères pièces de campagne jusqu'aux lancastres dont la gueule engloutirait le corps
d'un homme, les boulets entassés en piles régulières,
les bombes monstrueuses que deux hommes portent
avec peine, et les ancres colossales qui dressent à
quinze pieds en l'air leurs dents de fer, et dont on lit
le poids énorme écrit sur leurs tiges : *huit mille livres,*

6

dix mille livres; et les grands câbles de fer couchés au pied des ancres, que l'on ne peut soulever qu'à l'aide d'une machine, et que la mer, d'un coup de ses vagues, casse comme un fil de soie en ses heures de colère ; et, tout le long du port, les magasins, les hôpitaux, les casernes, les ateliers où les masses de fer sortent toutes rouges de la fournaise, et, aplaties sous les marteaux pesants, s'allongent en longues bandes que manient, enroulent et tordent les forgerons demi-nus, haletants, et passant comme des spectres aux lueurs d'un brasier étincelant.

Longtemps on suit les sinuosités de ce port qui s'enfonce dans les terres, au milieu de ce formidable appareil de guerre, entre les magasins aux hautes murailles, aux mille fenêtres, et les vaisseaux aux mâts pressés, qui s'élèvent comme des citadelles. Qui connaît Paris et son prodigieux labeur, les révolutions de ses quartiers brusquement coupés en larges trouées ; qui a vu, à l'Exposition universelle, les colossales machines de l'industrie remuant leurs longs leviers et tournant leurs grandes roues qui broyaient en mille sens les produits infinis de la matière, s'étonne encore et est comme épouvanté de cette active puissance de l'homme, de cette ardeur incessante, acharnée à accumuler les moyens de destruction et les machines de mort, de cette formidable usine de la guerre, enserrée en des remparts de granit et où s'entassent sans relâche les engins de fer depuis deux cents ans.

Tel était Sébastopol ! nous disaient les marins : sa

rade, se prolongeant dans les terres, pouvait aussi con-
tenir toute une flotte, son port était aussi vaste que
Brest ; ses bassins, ses magasins, ses arsenaux étaient
aussi bâtis en granit, ses forts taillés dans le rocher.
En quelques jours, toute cette force a été anéantie : les
assises de roc des bassins ont été brisées et précipitées
dans la mer, les magasins, renversés de leur faîte, ont
sauté en l'air ; ces longues rangées de constructions
massives, casernes, ateliers, arsenaux, tout ce Brest
que vous voyez, supposez-le secoué en ses fondements
par les mains de Titans souterrains, arraché de sa base,
et, forts, bastions, quartiers entiers bouleversés de fond
en comble, *foulés aux pieds comme la moisson dans
l'aire* (1), voilà Sébastopol aujourd'hui : des blocs de
granit entassés et laissés là pêle-mêle par la tempête
de la guerre !

La rade de Brest est ouverte à l'extrémité de la Bretagne, en face même de l'Océan ; de l'autre côté de la
presqu'île, la mer a déchiré et emporté une longue
bande de terre et a formé ainsi la baie d'Audierne qui
regarde le golfe de Gascogne. Cette baie, peu profonde,
battue à la fois des vents de l'ouest et du sud, est in-
hospitalière aux matelots ; mais, comme s'il eût voulu
diminuer pour les vaisseaux les chances de naufrage,
entre la rade de Brest et la baie d'Audierne, Dieu leur
a préparé une autre retraite, la baie de Douarnenez,
aussi vaste et aussi sûre que la rade de Brest, et d'un

______

(1) Isaïe, XXI, 10.

accès plus facile. La rade de Brest est fermée par un goulet étroit, afin de garder les vaisseaux de guerre ; la baie de Douarnenez s'ouvre par une large passe, on y entre et l'on en sort aisément, elle est propre au commerce, aux petits navires et aux bateaux ; arrondissant en un vaste demi-cercle sa courbe grandiose, c'est moins la mer qu'un bassin de pêche. Trois ou quatre petits ports s'abritent au fond des anses, et dans ces petits ports semble se cacher tout un peuple de pêcheurs aux aguets prêt à s'élancer dès qu'une proie est signalée, et dès qu'il l'a saisie, revenant vite, chargé de butin, le déposer dans ses magasins, comme la fourmi.

Le principal de ces ports, Douarnenez, fournit des sardines à presque toute la France. Comme les villes de bains, il a deux physionomies ; il y a le Douarnenez d'hiver et celui d'été : l'hiver, c'est un bourg de quinze cents habitants ; l'été, pendant la saison de la pêche, c'est une ville de dix mille âmes. Veut-on avoir une idée de cette pêche : qu'on sache que Douarnenez et les trois petits ports groupés comme des faubourgs à ses côtés, Lequet, Triboul et Porut (leurs noms ne se trouvent sur aucune carte), emploient à la pêche de la sardine plus de huit cent cinquante barques, et que chaque barque, montée de cinq à six hommes, rapporte chaque jour de quinze à vingt-cinq mille sardines : la pêche durant quatre mois, que l'on calcule quelles brèches ces huit cent cinquante barques ouvrent dans l'incommensurable armée qui, tous les ans, vient invariablement s'engouffrer dans la baie ; et pourtant, malgré ses

pertes sans nombre, cette armée, continuant sa marche,
est encore pour les côtes plus éloignées une mine féconde, les marins du golfe de Gascogne puisent encore
à pleins filets dans ses rangs inépuisables; et chaque
été, en un ordre immuable, sans qu'aucune révolution
vienne à l'encontre, recommence le même mouvement
par le même chemin, et des millions de petits poissons
descendent en colonnes serrées le long des côtes, pour
servir de nourriture à l'homme indifférent devant ce
spectacle incessant de la providence de Dieu !

Le matin, toutes ces barques légères dressent leurs
petits mâts, et, tendant leurs voiles au vent, elles partent ensemble, sous le clair soleil, comme une volée
d'oiseaux. Pendant la première heure, la baie est toute
couverte de points blancs, pâquerettes semées sur la
mer bleue. Puis la svelte escadrille s'avance de plus en
plus vers la haute mer, et le dernier petit point blanc
disparaît. En l'absence des pêcheurs, la ville silencieuse
semble déserte : la pêche sera-t-elle bonne? un orage
ne se lèvera-t-il pas? Mais le soleil s'abaisse, et les
voiles reparaissent au loin, fendant l'onde plus lentement sous leur charge lourde : la ville alors se réveille,
les portes des maisons s'ouvrent et les rues se remplissent, le mouvement est général; les femmes, avec
leurs paniers, se hâtent, descendant au port, et dès que
la flotille, s'alignant en rangs pressés, touche le rivage,
elles s'élancent et envahissent les bateaux, comme si
elles les prenaient à l'abordage : un va-et-vient rapide
s'établit aussitôt des barques au rivage, on entasse le

6.

poisson dans les paniers, on s'appelle et on crie, les prix se débattent, c'est le marché. Bientôt les lanternes et les flambeaux s'allument, chaque barque en est éclairée; en un clin d'œil une illumination s'improvise, des milliers d'étincelles s'agitent sur les vagues mouvantes, et l'on voit les jeunes filles aux jupes retroussées, le panier sur la tête, courir d'un pied agile sur la planche étroite et frêle, comme des ombres.

Au delà de Douarnenez, et en tendant vers l'ouest, la terre, resserrée entre deux baies, s'allonge comme un grand fer de lance vers l'Océan : c'est, avec la côte de Penmark, le point le plus inculte de la Bretagne, le *bec du Raz* : à mesure que l'on avance, les collines diminuent de hauteur, le sol s'abaisse, et tout, avec le sol, semble s'affaisser. Les maisons, à peine hautes d'un étage, sont comme accroupies, les arbres, battus des vents de la mer, chétifs et étiolés, ne s'élèvent qu'à quelques pieds au-dessus des toits. Des champs de sarrasin, où il y a plus de pierres que de terre, sont entourés de petits murs de cailloux amoncelés sans ordre; et ces petits murs bas, croisant à l'infini leurs lignes blanches, ressemblent à des milliers de tombes d'un cimetière abandonné.

Des landes pâles recouvrent comme d'un manteau sombre la plaine morne et déserte; çà et là pointe une croix ou le clocher aigu d'une chapelle. Des moutons noirs paissent une herbe rare dans d'étroites enceintes; un cheval isolé tourne autour du pieu où il est attaché; de distance en distance apparaît debout un pâtre immobile ; à son attitude, à sa forme vague qui se dessine sur le ciel gris et que la perspective allonge, on ne sait si c'est un être vivant ou quelque débris druidique ; on est près de le prendre pour un menhir.

Puis, plus de maisons, plus de champs, plus même les petits murs de pierres entassées : la lande partout, des sables et des pierres, une terre arrondie en mamelons qui montent et s'abaissent par grandes vagues, comme la mer. Enfin, d'un point plus élevé, on aperçoit tout à coup la mer, non plus seulement à droite et à gauche, mais partout, devant soi, faisant le tour de l'horizon à perte de vue. Des blocs de rochers énormes s'avancent longuement parmi les flots, comme si la terre voulait faire un pas de plus et poser son pied de granit dans l'Océan. Rien que la mer, et, sur cette mer nue, un navire perdu dans l'immensité.

Encore quelques pas, vous voilà au bord : un tapage, un bruit continu, une rumeur incessante, sourde et déchirante à la fois, comme d'un canon qui gronderait au loin. Ce sont les vagues qui roulent sur les écueils, s'y déchirent en larges nappes, et, pressées l'une par l'autre, viennent frapper les rocs à pic du rivage, leur donner l'assaut et monter contre leur muraille impassible, pour retomber à leurs pieds en glauques remous, mugissant et grondant comme des lionnes à demi domptées.

Au pied de ces rochers on s'arrête un instant, puis, poussé par cette curiosité infinie de l'homme qui tend toujours plus avant, on les veut franchir. On escalade leurs sommets aigus, leurs aiguilles dentelées, leurs assises penchantes. Et là, comme dans les montagnes, en ces vastes solitudes de la mer, la distance trompe; on croyait n'avoir devant soi que quelques rocs; ils grandissent en approchant, le but recule à mesure qu'on le croit toucher; après ces rocs, d'autres encore. Et, quand, montant, descendant, se baissant çà et là pour cueillir *l'œillet de poëte*, petite fleur d'un rose pâle qui croît sur une mousse rêche et rase, on est parvenu à quelque angle hérissé, quand, en s'accrochant à une aspérité de la pierre, on se penche au bord de l'abîme où bouillonne et bruit et tempête la vague verdâtre, on écoute ce fracas formidable, on regarde cette onde vivante, sans se fatiguer, sans s'en rassasier; on est comme enivré de cette rumeur qui, depuis des siècles, toujours la même, a été écoutée des Bretons et des Celtes, et qui, aujourd'hui comme alors, emplit l'âme d'une terreur secrète et d'une tristesse solennelle.

C'est là le bec du Raz : à cette masse de rocs que battent les flots sans cesse irrités, et qui gît, étendue comme le squelette d'un géant exhumé, finit la terre. C'est bien ainsi qu'on se figure l'antique Armorique, âpre, inculte, sol dur que percent à chaque pas les rocs et les pierres, des côtes escarpées, la mer sauvage, et à l'horizon, une île montant de la mer, l'île de Sein, retraite des Druides mystiques qui vivaient séparés des hommes et ne communiquaient qu'avec le ciel.

Cette côte de rochers n'a pas toujours eu cet aspect désolé : la baie de Douarnenez est une des conquêtes de l'Océan. Les terribles cataclysmes ont, de tout temps, été considérés par les peuples comme des effets de la colère de Dieu, la punition des crimes de leurs pères. La science qui examine ces rocs et ces rivages, qui sonde les flots des mers, prétend expliquer les révolutions de la terre par quelque mouvement naturel. Quand quelques hommes, échappés aux lames rapides, plus rapides que les plus vites coursiers, reviennent après la tempête et interrogent d'un pas hésitant le sol bouleversé, ils trouvent, à la place des lieux qu'ils cherchaient la mer, la mer qui étend au loin sa plaine sans fin et sans fond ; où était une ville, les flots ; la vague maintenant apaisée, comme dans les vers du poëte, baise amoureusement le rivage, et sous cette eau étincelant au soleil, rien de ce qui est englouti ne paraît.

Le sentiment de la justice divine alors s'éveille dans les cœurs ; ils se disent que ce peuple, emporté tout d'un coup et sans rémission, n'a pu être frappé sans l'avoir mérité : les actions du passé se lèvent devant eux, et des fantômes paraissent dans l'air, montrant du doigt l'abîme. Alors, on se rappelle le mot de l'antique vieillard : que Dieu punit les peuples des crimes de ses rois. Les pères en transmettent le souvenir à leurs enfants, et ceux-ci le répètent aux générations qui suivent, et ainsi se perpétue la tradition vivante, immortelle, qui ne sépare pas le crime de la peine, la

cause de l'effet, bien autrement véritable que la science, qui change sans cesse ses systèmes.

Ainsi l'on raconte comment se forma cette vaste baie de Douarnenez. Ici (en quel lieu précis, les savants l'ignorent, mais le peuple le sait), existait, il y a quinze siècles, au temps déjà du christianisme, une ville riche, capitale d'un État puissant, une ville qui s'appelait d'un nom de forme hiéroglyphique, IS. Face à face de la mer, Is n'était séparé des vagues toujours menaçantes que par une digue élevée dont les écluses se fermaient par une porte unique, et le roi avait une clef d'argent pour ouvrir cette porte, quand il en était besoin. Le roi de ce temps-là, Gradlon, était sage et prudent. Il avait été instruit à la vérité par un saint, Corentin, dont Quimper a ajouté le nom au sien, comme un talisman; mais la fille de Gradlon, Dahut, était de la race des Messalines; elle *avait pris pour ses pages les sept péchés capitaux*, et, comme Marguerite de Bourgogne, elle avait sa Tour de Nesle, sur les rochers dominant les flots. Là, elle se faisait amener, chaque nuit, des amants masqués; ses voluptés étaient sauvages, elle aimait à jeter les cris du plaisir au milieu des rugissements des tempêtes : au matin, un ressort du masque subitement pressé brisait les vertèbres de l'amant de la nuit, et son corps était précipité dans un gouffre.

Mais un jour, Dieu la frappa de démence : lasse de posséder de faciles voluptés, elle voulut, ainsi que Néron, jouir d'un spectacle inattendu, d'une cité tout entière se débattant, comme une bacchante, dans l'ivresse du désespoir. Ce ne fut pas le feu qu'elle lança sur la ville : elle déroba au roi son père la clef d'argent de la porte des écluses, et elle l'ouvrit à l'Océan; l'Océan s'élança aussitôt hurlant et bondissant. Elle eut, sans doute, pendant quelques instants devant elle un de ces tableaux de maisons croulantes, de morts instantanées, de déchirantes agonies, désastres sans nombre, que rêvent certains hommes, mélange de sauvagerie et de civilisation, qui artistes en leurs féroces instincts, se donnent, une fois dans leur vie, la joie de contempler de *sublimes horreurs!* mais, quand elle se fut rassasiée des tortures de toutes ces victimes, de cette ville sombrant comme un vaisseau, à son tour elle eut peur; le flot grandissant roulait vers elle; elle jeta un cri d'angoisse, le cri du coupable qui tout à coup sent les griffes du châtiment, ce cri qui venge en un seul instant l'humanité et atteste la justice de Dieu. Ce cri désespéré, Gradlon, son père, l'entendit; sur un cheval rapide, il accourut au secours de sa fille, l'atteignit, la mit en croupe, et, tournant bride aussitôt, reprit sur une langue étroite de terre, entre les flots montant toujours, sa course précipitée. Mais tandis que, froide de terreur, elle étreignait Gradlon de ses mains crispées, elle entendit dans les airs une voix surnaturelle qui disait à son père : « Si tu te veux sauver, lâche ce démon! jette-le aux flots qui le demandent! » C'était comme le *Cœur mort qui bat,* dans la fiction du poëte, le remords qui appelait lui-même le châtiment ; et alors éperdue, jetant derrière elle un regard sur le gouffre mouvant, elle fut fascinée par le mugissant abîme, elle ouvrit tout grands ses bras, elle tomba en arrière, et, comme une bête féroce affamée, le flot bondissant la dévora.

L'Océan, aussitôt calmé, dès qu'il eut englouti sa proie, arrêta subitement sa course, ses vagues soulevées s'aplanirent, et il ne fit pas un pas au delà du lieu où le crime, saisi vivant, avait disparu.

De la ville d'Is, il ne resta rien ; où s'élevaient ses tours et bien par delà, s'étendit la mer profonde, la baie de Douarnenez, que, semblable à une dent de fer mordant dans la mer, ferme le bec du Raz. Longtemps à la mer basse, apparurent sur la plage humide de grands débris, de larges quartiers de pierres chargées de sculptures étranges, et de signes écrits en une langue inconnue. Puis, peu à peu, l'Océan en ses rudes secousses emmena ces ruines éparses au fond de ses abîmes, et la plage déserte ne fut plus qu'une surface de sable uni.

Parfois encore pourtant, le pêcheur avancé dans la haute mer, en retirant son ancre, la sent heurter des pierres sous les flots, et, retenant le câble tendu, il s'avance étonné en ligne droite, comme le long d'un pan de muraille. Ces murs, c'est la ville d'Is submergée. Elle est là, au fond des flots, à jamais perdue, et l'œil de l'homme ne la verra plus. Puis, à la nuit, quand il s'apprête pour le retour, au milieu du choc retentissant des vagues qui se combattent au bec du

Raz, il entend dans l'ombre des clameurs désolées et de lamentables sanglots, les cris immortellement désespérés des amants d'une nuit de Dahut.

Là-bas, un courant terrible entraîne les navires, les lance contre les écueils, les brise dans les nuits sombres, et la mer rejette les cadavres sur le rivage. Le pêcheur alors ouvre sa voile au vent, et il s'enfuit, en faisant le signe de la croix, loin de cette côte maudite, qui s'appelle d'un nom sinistre, *baie des Trépassés*, de ce chaos de rocs où la mer s'engouffre en des abîmes, et que la foi des peuples a nommé l'*Enfer*.

VIII

Saint-Florent.

—⊷∞⊶—

Monument de Bonchamp. — Passage de la Loire. — L'abbaye.

La Loire descend, d'Angers à Nantes, entre deux rives largement écartées, aplaties, à travers de vertes îles; à mi-chemin, elle fait un coude, et l'on se trouve en face d'un coteau semé de bois, dont la croupe s'étale arrondie, et laisse traîner dans l'eau ses dernières branches, comme un gros bouquet de feuillage; au sommet, le fût svelte et blanc d'une colonne se détache dans l'air; c'est Saint-Florent.

C'était un jour d'été; assis sur le penchant de ce coteau vert, je voyais la vaste campagne parsemée de clochers et de maisons, vivante et retentissante de bruits, qui s'étendait au loin et s'unissait vaguement au ciel abaissé. La Loire brillante emportait vers les grandes villes les barques aux voiles déployées; à l'horizon, non loin d'Angers, la ville noire, éclataient les toits hauts et les murs blancs du château de Serrent que visitent les princes; de l'autre côté, apparaissait le bourg de Mauves qui, par sa prairie, touche à Nantes, d'où l'on descend vers la mer. Sur les îles de sable jaune que couvre ou délaisse le fleuve en ses fréquents caprices, de petits enfants, aux jambes nues, couraient près de leurs bœufs qui rongeaient les basses feuilles des saules du bord; dans l'herbe, chantaient les insectes, et les oiseaux amoureux partaient du milieu des branches. La terre, calme en son immobilité qui respire, semblait livrer à l'homme son domaine et ses trésors, le convier au bonheur et à la joie.

Oui, aujourd'hui, c'était la paix; mais, dans le passé, tout ce qui m'environnait ne rappelait que luttes, combats, destruction. Les murs que je touchais, les bourgs que l'on me montrait dans la plaine, l'île étendue à mes pieds, ont, depuis deux mille ans, été le théâtre de scènes incessantes de carnage : Romains et Gaulois, Bretons et Angevins, Anglais et Français, républicains et Vendéens, ont tour à tour possédé, perdu, reconquis, couvert de ruines, de sang et de morts cette terre riche et féconde. Cette île au milieu du fleuve était, au viiie siècle, le repaire de pirates normands; elle s'appelle l'*île Batailleuse;* sur cette esplanade qui domine la Loire, au moyen âge, s'élevait un château-fort, d'où un baron avide rançonnait les barques au passage. A l'autre bord, un autre château, nommé la Madeleine, surveillait de son côté la Loire. Entre les deux seigneurs, la guerre était permanente : Angevins de Saint-Florent et Bretons de la Madeleine passaient et repassaient sans cesse le fleuve, et se livraient des combats acharnés. Les Angevins finirent par être domptés ; ils cédèrent aux Bretons l'extrémité de l'esplanade qui s'avance comme un haut promontoire au-dessus du fleuve ; cette pointe de terre s'appelle encore la *Bretagne* ; tout à l'entour c'était l'Anjou, ce petit coin seul était la Bretagne ; les vainqueurs ont perpétué leur triomphe en ce qui demeure le plus d'un peuple, le nom et la langue.

Mais notre temps laisse à la postérité de plus émouvants souvenirs : ce bourg que l'on aperçoit en face est la Meilleraye où Bonchamp expira ; cet autre, Varade où il fut enterré ; dans celui-ci, à Saint-Florent même, il fit grâce aux prisonniers républicains, et on lui a érigé un tombeau ; c'est ici que les Vendéens vaincus passèrent la Loire, et ici que fut tiré le premier coup de canon qui alla éveiller Cathelineau dans sa chaumière : c'est comme le résumé des guerres de la Vendée.

Le 10 mars 1793, on devait tirer au sort, à Saint-Florent, pour la levée de trois cent mille hommes. Dans un carrefour formé par deux ou trois rues au haut de la ville, les jeunes gens du pays, leurs bâtons à cordon de cuir à la main, étaient réunis en groupes nombreux et agités. Leurs pères leur avaient dit qu'en devenant soldats de la république, ils serviraient les ennemis de Dieu et de la religion. Ils étaient bien résolus à ne pas partir, mais la plupart ne savaient ce qu'ils avaient à faire ; seulement, quelques-uns, venus avec leurs fusils, s'étaient cachés dans les maisons voisines et attendaient. De son côté, le commandant républicain avait fait traîner jusque-là une pièce de canon qui, braquée sous une grande porte, menaçait la place et les rues.

On commence l'appel des conscrits ; pas un ne se présente ; l'ordre est donné de saisir les réfractaires ; les gendarmes sont accueillis par une huée générale ; les paysans, faisant le moulinet avec leurs bâtons, les bousculent et les repoussent. Le chef de la troupe somme alors la foule d'évacuer la place ; la foule, menaçante, demeure immobile ; il commande le feu, les paysans s'enfuient de tous côtés ; en un clin d'œil, la place fut déserte ; personne n'avait été tué.

Mais, à l'instant, des fenêtres des maisons, du fond de la place, des angles des rues, part une fusillade nourrie ; la troupe surprise et découverte se trouble ; les paysans reviennent, les plus braves s'élancent sur la pièce avant qu'elle tire de nouveau ; les soldats se sauvent, le canon est pris.

Trois jours après, les cloches de toutes les paroisses, sonnant le tocsin, jetaient aux mille échos du Bocage, de la Loire à la Plaine, et de Saumur à la mer, le cri de guerre de tout un peuple. La Vendée entière était debout, debout pour son roi, et bien plus encore pour son culte et son Dieu, pour ces croyances intimes et profondes, vraie vie de l'homme, force et vertu du foyer domestique, pour la guerre sacrée, selon le mot antique : *Pro aris et focis*. Voilà la raison de la résistance héroïque de ce peuple, qu'on a appelé un *peuple de géants;* il est tombé sous le nombre, il n'a pas été vaincu; sa cause a triomphé : la religion qu'il avait défendue sur les champs de bataille de la Vendée.

Maintenant, du haut de cette esplanade, voyez-vous, dans la vaste plaine, cette foule confuse, paysans, femmes, vieillards, enfants, pêle-mêle avec les chevaux, les canons, les chariots, cent mille êtres humains se hâtant, se pressant aux bords du fleuve; ces barques chargées allant et venant d'une rive à l'autre; ce jeune chef, la Rochejaquelein, tout enflammé, galopant et donnant des ordres; dans une voiture traînée à petits pas, Lescure blessé à mort ? Entendez-vous les cris, les mouvements confus, le bruit du canon lointain ?

Huit mois se sont écoulés; après avoir défait six armées, pris Thouars, Saumur, Angers, battu Kléber et ses Mayençais, le peuple vendéen, décimé enfin, dans une dernière bataille, à Cholet, fuit le sol de la patrie, et, comme le cerf blessé, se jette dans le fleuve, aspirant à l'autre bord, pour y prolonger sa lutte et sa vie.

Cependant, dans une salle carrelée d'une petite maison, au bas de la ville, Bonchamp était étendu et près d'expirer. Des femmes pieuses l'entouraient de leurs soins, soins inutiles, il le savait, et ce général, que si peu de mois venaient de rendre immortel, attendait en priant l'heure de l'éternel repos.

Au même moment, cinq mille prisonniers républicains étaient entassés dans un ancien couvent, en face de plusieurs canons chargés à mitraille.

La masse du peuple avait franchi le fleuve; il ne restait plus au delà que quelques milliers d'hommes; la question alors s'éleva : que faire des prisonniers, bouches inutiles et ennemies? On ne pouvait les garder; il y avait péril à les relâcher. Une proposition alors est jetée dans la foule, une de ces propositions violentes qui se font jour dans les temps de crise, qui n'appartiennent à personne, et que tout le monde accepte : Il faut s'en défaire ! il faut les fusiller ! Le mot vole et bientôt devient un cri général, la volonté du peuple.

Dans la chambre même où Bonchamp agonisait, les officiers s'en entretenaient; il ne s'agissait plus que de désigner l'heure. Bonchamp alors, les entendant, se souleva de son lit avec effort; il fit signe à quelques-uns des chefs de s'approcher, et, d'une voix qu'entrecoupait la souffrance : « Mes amis, j'ai une prière à vous adresser; c'est sans doute la dernière, mais, avant que je meure, assurez-moi qu'elle sera écoutée : je demande qu'on ne tue pas les prisonniers. »

C'est à ce beau moment que le sculpteur David l'a

représenté (1) : le voici, ce généreux homme, tel qu'il dut être, se dressant à demi, le corps ouvert par la blessure, la figure tirée par la douleur, la main tremblante, le regard comme éclairé, déjà presque hors du monde, et cherchant à se dérober un instant encore à la mort, pour donner à d'autres cette vie qui, par sa bouche entr'ouverte, va s'échapper !

Et aussitôt, sans hésiter, sans réfléchir, emportés par cet irrésistible choc des grandes pensées qui toujours entraînent les hommes, preuve sublime qu'ils ont une âme : Oui, oui, s'écrient les assistants, grâce ! grâce ! Et ils s'élancent au dehors, tous veulent l'annoncer aux prisonniers. La Rochejaquelein, le premier, monte en courant la rue raboteuse, arrive à la porte du couvent, et, l'ouvrant toute grande : Laissez-les aller, s'écrie-t-il, grâce ! Bonchamp le veut, Bonchamp l'ordonne !

Les canons sont détournés, et les prisonniers, passant à travers la foule qui s'écarte, se dispersent dans la campagne, par toutes les routes, jusqu'à perte de vue du bourg ; en quelques instants tous avaient disparu ; il n'en resta pas un à Saint-Florent.

Et il n'est pas vrai, ainsi que quelques-uns l'ont raconté, que ces prisonniers, à peine sauvés, aient tiré presque aussitôt sur leurs libérateurs. Seulement, et

____

(1) Le monument de Bonchamp est dans le chœur de l'église de Saint-Florent.

c'est ce qui a causé l'erreur de ces historiens, à la fin
du jour, l'avant-garde républicaine arriva à Saint-Florent, où elle espérait trouver encore les Vendéens : le
représentant Choudieu, qui marchait en tête avec une
escorte de cavaliers, alla droit à la maison d'un des
principaux habitants du bourg, et s'informa des Vendéens ; on lui apprit que tous avaient franchi le fleuve.
— Mais leur artillerie? demanda-t-il. — Ils n'ont pu
l'emmener ; ils en ont laissé ici une grande partie. —
Où sont les canons? dit-il vivement; quelqu'un peut-il
m'y conduire? — Moi, je vais vous y mener ! s'écria
un jeune garçon de douze ans, en se présentant. Choudieu saisit l'enfant par un bras, l'enleva sur sa botte, et
le mit en selle devant lui ; puis, suivi de ses cavaliers,
il arriva à l'esplanade, où étaient restés les canons. Les
Vendéens, soit hâte, soit ignorance, ne les avaient pas
encloués. Le représentant, alors, de ce lieu élevé,
aperçut par delà le large fleuve la foule du peuple vendéen, encore haletante, fuyant à travers les ombres
qui s'abaissaient : Nous ne les atteindrons pas, dit-il,
mais, du moins, informons-les de notre présence. Il fit
mettre pied à terre à ses soldats et pointer les pièces
sur Varade ; cinq ou six boulets franchirent le fleuve
et vinrent mourir inoffensifs sur le sable.

Ce récit m'était fait par le neveu de ce jeune garçon
qui, jadis, dans l'impatiente ardeur de son âge, avait
guidé Choudieu; et, en rappelant ces détails qui réha-
bilitaient le parti contraire, cet homme, cœur franc
et loyal, relevait noblement la tête, heureux d'attester

7.

qu'un crime de plus n'avait pas souillé ces luttes fratricides.

J'étais à la place même où avaient été pointés les canons de Choudieu ; là s'élève aujourd'hui la colonne commémorative de Bonchamp, et, à côté, le couvent, jadis célèbre abbaye de bénédictins, qui servit de prison aux républicains. Et ce couvent, car il semble que ce petit bourg, sur les confins de la Bretagne et de la Vendée, ait été le rendez-vous d'événements extraordinaires, il a été incendié, non par les républicains, comme on le pourrait croire, mais par un Vendéen. Son nom était Poitevin, mais on l'appelait *Chante-en-Hiver* : ainsi que les peuples primitifs des forêts américaines, ces guerriers de la Vendée avaient aussi leur langue pittoresque et expressive. Quand, à la fin de la guerre, le soldat de Bonchamp revint à Saint-Florent et qu'il revit ce couvent où, enfant, il avait prié Dieu, et dont les républicains avaient fait une caserne, dans sa foi vendéenne il s'indigna. Il courut au bas de la ville, chargea sur son épaule deux bottes de paille, et les jeta tout enflammées dans le couvent : le feu gagna aussitôt les cloîtres, en un instant le couvent fut enveloppé de flammes. Les habitants du bourg accoururent ; debout sur un pan de mur à demi écroulé, Chante-en-Hiver suivait les progrès de l'incendie ; il arrêta ceux qui voulaient l'éteindre : Non ! non ! dit-il ; ne faut-il pas que la maison de Dieu soit purifiée des bleus ? Et la foule immobile laissa l'incendie dévorer le couvent.

Quant à la colonne de Bonchamp, on cherche en

vain à déchiffrer l'inscription qui y était gravée ; les plaques de marbre de la base ont été brisées en 1832 par les soldats d'une garnison passagère. Si rapide est l'action de notre temps, si violents et opposés les mouvements qui emportent ce siècle justement appelé le siècle des révolutions, que, dans ses tours et retours, il efface aujourd'hui les œuvres d'hier et n'en laisse que des vestiges. Il en est déjà des monuments érigés aux chefs vendéens comme des monuments de l'antique Grèce ; ces événements, dont il reste encore des témoins, ne sont, aux lieux mêmes où ils se sont passés, marqués que par des débris.

Non loin de Saint-Florent, au Pin-en-Mauges, un autre monument a été mutilé, la statue de Cathelineau, que les Vendéens lui avaient érigée en face de sa maison. Il avait pourtant bien mérité un hommage populaire, ce paysan que ses vertus, autant que son courage, avaient élevé au premier rang. Il y avait parmi les capitaines vendéens des gentilshommes de haute naissance, de savants officiers ; lorsqu'ils voulurent nommer un général en chef, ils élurent Cathelineau. C'est qu'il possédait les qualités par lesquelles les hommes sont partout dominés : la fermeté calme, qui est le plus grand signe de la force, le sens droit et la netteté de vue dans le conseil, l'enthousiasme dans la bataille ; sa modestie et sa candeur le faisaient aimer, sa piété et sa vie sans tache, respecter ; il semblait que Dieu marchait avec un tel homme ; on l'appelait le *saint de l'Anjou*. Quand il eut expiré, un vieillard parut sur le seuil de la maison, et dit ces simples mots à la foule agenouillée : « Le bon général a rendu son âme à qui la lui avait donnée pour venger sa gloire, » oraison funèbre qui embrasse, dans sa brièveté, le génie du héros, la croyance du chrétien, et le but sublime où il tendait.

Le voyageur qui traverse le Pin-en-Mauges s'arrête devant la maison de Cathelineau, devenue une auberge; on lui montre le four où le Vendéen cuisait son pain, sa chambre transformée en écurie; vis-à-vis, une petite place triangulaire est jonchée de débris; là était le monument : la statue gît dans l'humble cimetière de la paroisse.

De nos jours, cependant, ces ruines ont été en partie relevées : à Saint-Florent, le couvent a été restauré; dans la maison même où il a expiré, un tombeau a été érigé à Cathelineau, et, sur ce tombeau, une statue, copie exacte de celle du Pin-en-Mauges. Ainsi reposent côte à côte Bonchamp et Cathelineau, le général paysan près du général gentilhomme. Ces restaurations ne sont pas dues aux retours des partis, mais à la religion : dans le couvent on a établi une école de Frères; la maison, où est placé le tombeau, est devenue la chapelle d'une école de Sœurs : une sainte femme, un généreux et noble Vendéen (1), ont réparé ces ruines pour les consacrer à des œuvres pieuses : c'est le vrai sentiment de la Vendée. Ainsi, tout est à sa place : cette

_____

(1) Madame Baudoin et M. le comte de Quatrebarbes.

auberge, établie dans une demeure héroïque, cette statue brisée, ce cimetière où elle est déposée, cette chapelle qui protége la tombe de Cathelineau, autant de traits qui marquent le caractère de ce siècle, l'industrie triomphante, la vieille royauté renversée, et la religion immortelle relevant les ruines des guerres civiles, et seule gardienne des généreux souvenirs.

IX

Les vieilles villes. — Les vieilles maisons.

———

Dol. — Dinan. — Morlaix. — Lannion. — Cesson.

La petite, comme la Grande-Bretagne, est une terre
de marins : la position avancée de cette large presqu'île
dans l'Océan, entre le golfe de Gascogne qui tient à
l'Espagne, et la Manche qui tient à l'Angleterre, ses
ports naturels, les nombreuses rivières qui descendent
du plateau central, et, comme les rayons d'un cercle,
aboutissent à la mer, ont été cause que, de tout temps,
la vie s'est portée aux extrémités. Dès l'antiquité, les
Bretons furent marins et pêcheurs ; la force résistante
de l'Armorique était sur les côtes. C'est Vannes et
Nantes qui, avec leurs flottes, soutinrent contre César
la lutte la plus courageuse et la plus longue.

Malgré les siècles et les révolutions, ce caractère de la
Bretagne n'a pas changé. Le centre est morne, la circon-
férence animée ; un moine comparait cette presqu'île
arrondie en demi-cercle à la couronne de sa tonsure,

un chevalier à un fer de cheval bien fourni à l'entour et presque vide au milieu. La plupart des villes importantes de Bretagne sont des ports, des ports situés non pas sur le bord de la mer, mais à quelques lieues de l'Océan, sur de petites rivières navigables où le flot porte les navires. Elles ont ainsi des villes du centre les beaux arbres et la verte campagne, du port de mer l'animation et le mouvement; on y sent la mer voisine sans la voir, son air âpre et fortifiant. Dans quelques-unes (à Lézardrieux, à Lannion) les deux rives sont réunies par un pont suspendu, haut, léger, semblable à ces ponts de lianes des fleuves du Nouveau Monde, et sous lequel passent les navires aux longs mâts : lorsque soufflent les grands vents de la mer, ils agitent et soulèvent ce chemin aérien; on le voit monter et descendre d'un mouvement uniforme comme une poitrine qui respire; le piéton qui passe en chancelant sur cette planche tendue dans l'air, la mer au-dessous de soi, se hâte, luttant contre le vent et faisant le signe de la croix, et, quand il l'a traversée, il entre au bout du pont, dans une petite chapelle, rendre grâces à Dieu.

La position de ces petites villes attire et plaît; la partie principale est bâtie le plus souvent sur une colline : à Quimperlé, à Tréguier, à Dinan, apparaît tout en haut la tour de l'église; autour sont groupées les maisons; le port est au-dessous, la ville des marins et des pêcheurs. Autrefois elles étaient fortifiées; peu à peu elles ont rasé leurs remparts, et les deux cités se sont réunies. Quelques-unes cependant ont gardé leurs vieux murs. En arrivant à Guérande, on se trouve tout à coup devant une ligne de hautes murailles ; de distance en distance saillissent de grosses tours renflées ; une porte à créneaux et à meurtrières s'ouvre béante avec sa herse suspendue, les fossés sont encore remplis d'eau ; c'est véritablement une ville du XIVe siècle ; on verrait se promener sur le rempart un homme d'armes couvert de fer, et le pot en tête, on ne s'en étonnerait pas.

La campagne qui entoure la ville est une vaste plaine sèche, dénudée ; à peine, çà et là, quelques arbres rabougris et rongés par le vent de la mer ; des plaques d'eau reluisent au soleil, découpées en petits carrés réguliers, ce sont les marais salants ; partout ailleurs, des monticules de sable. Ce coin de terre aride rappellerait l'Afrique à un voyageur : la plaine sablonneuse et brûlée, le désert ; les mulons de sel qui la jalonnent de leur cône pointu, les tentes dispersées d'une tribu ; les paludiers vêtus de blanc qui galopent sur leurs petits chevaux entre les lagunes, les Arabes au burnous de laine, courant à travers le désert.

Par delà ce désert, s'étend la mer bleue qui, dans l'éloignement, semble immobile, et sur laquelle glissent les vaisseaux.

Guérande est en plaine, Dinan sur une montagne, avec un port sous ses grands murs. Du haut de ses remparts, vous découvrez, tout en bas, une toute petite rivière, un ruisseau, où circulent de petites barques, de petits et étroits bateaux à vapeur, un petit quai étroit aussi, bordé de vieilles maisons pressées, et sur ce quai (les jours de marché) des centaines de voitures et de chariots entassés, et parmi ces chariots une fourmilière blanche et noire d'hommes et de femmes, parlant, criant, gesticulant, avec un bruit confus, une sourde rumeur qui monte jusqu'à vous, tout cela au fond, à plusieurs centaines de pieds, comme dans un entonnoir; et ces bateaux, et ces maisons, ces chariots et ces hommes sont si petits, que vous diriez d'un jeu d'optique.

Maintenant entrez dans l'intérieur de la ville; devant vous s'ouvre une rue du xive siècle, presque intacte, longue et tortueuse; c'était la coutume du moyen âge : avec les rues tortueuses on se préservait de la grande chaleur et des attaques de l'ennemi. Vous connaissiez les maisons du moyen âge par les gravures et les vieux tableaux; vous les retrouvez ici debout, habitées, vivantes; ces images sont la réalité. Oui, voilà, à droite et à gauche, les maisons serrées l'une contre l'autre, dressant les pointes de leurs pignons aigus; voilà les porches carrés à gros piliers de bois, les boutiques à basse devanture; ces porches ôtent une partie du jour au rez-de-chaussée, et vous croiriez que c'est un désavantage; au contraire, les marchands étalent leurs denrées sous le porche et s'y tiennent eux-mêmes; la maison est ainsi ouverte à tout venant. On circule sous les porches, à travers les ballots, les caisses et les paniers; c'est à la fois la maison et la rue, un continuel commerce des boutiquiers avec les passants. Voilà les étages surplombant l'un sur l'autre, à peine séparés par des poutres étroites, les fenêtres à mille compartiments, à petites vitres qui se touchent presque : la maison en est toute éclairée, la lumière y entre de tous côtés, et avec elle, la gaîté. Voilà la façade sillonnée de poutres croisées, enchevêtrées en losanges, trèfles, triangles, rosaces, dans tous les sens ; et, sur tous ces montants, supports et croisées, un débordement de dessins capricieux, la plus inépuisable imagination, l'ornementation la plus fantastique.

Ici, à Dol, où l'on trouve les plus vieilles maisons de la Bretagne (il y en a quelques-unes du xii⁰ siècle), les piliers des poutres sont couronnés de gros chapiteaux carrés où l'on déchiffre quelque bête symbolique, moitié homme et animal, une tête de femme à trompe recourbée, un lion ailé aux pieds d'oiseau, un porc avec des jambes d'homme ; toujours quelque invention propre à récréer les yeux et à égayer les passants. Là, à Tréguier, le décorateur c'est le maçon : sur la façade recrépie, entre les poutres croisées, avec la pointe de son marteau il a tracé mille petits dessins, étoiles, soleils, arabesques, chiffres entrelacés ; de loin c'est une façade blanche, de près c'est une guipure, une broderie. A Dinan, à Morlaix, à Saint-Brieuc, c'est le tour du sculpteur : toute poutre est tailladée, ciselée, bosselée ; ici des portraits en médaillon, avec la coiffure antique ; là des scènes de chasse, où chiens et veneurs courent, le long de la frise, après un cerf qui s'embarrasse dans les branches; sur la poutre principale, au milieu de la façade, s'étagent et montent, du pavé jusqu'au toit, cinq ou six personnages en pied, un chevalier armé de toutes pièces, casque en tête, la lance à la main; au-dessus, Hercule avec sa massue et chaussé de grandes bottes; plus haut, un saint Christophe colossal, portant Jésus sur ses épaules; aux angles des rues, un être grotesque se penche et se détache de la maison comme s'il venait saluer le passant, ou un nain bossu ouvre sa grande bouche d'un air narquois, et pointe sur vous ses petits yeux en ricanant; ou, mieux encore, un bonhomme, vêtu de l'habit breton, veste brodée, gilets étagés et bariolés, chapeau à bords retroussés, longs cheveux descendant jusqu'au milieu du dos, braies plissées à peine attachées aux reins, accroupi et soufflant de ses joues bouffies dans le biniou dont la panse s'épanouit entre ses bras : c'est la représentation même de l'homme du pays, le type national; il porte le nom de la ville : à Vannes, c'est *Vannes et sa femme;* Nantes a *ses enfants Nantais ;* dans l'église de Mauron il y a un pilier qu'on appelle le *Mauron;* ici le bonhomme se nomme *le Morlaix.*

Puis, au milieu de ce peuple de statues, d'images d'hommes, de monstres, d'animaux, partout, aux angles des rues, presque à chaque maison, la niche consacrée, la niche de la sainte Vierge, la bonne Vierge et l'enfant Jésus, habillée de beaux habits, toute peinte et dorée, et couronnée de fleurs, entourée de petits cierges et de lanternes qu'on allume aux jours de fête; et alors c'est, par toute la ville, une guirlande de feux suspendus, une illumination resplendissante et joyeuse.

Ailleurs, à Lannion, d'une étroite rue, d'une venelle (la Bretagne a conservé sur les écriteaux de ses rues ce vieux mot qu'emploie encore la Fontaine), vous débouchez sur la place du Marché : à droite, à gauche, devant vous, toutes les maisons sont peintes du haut en bas, rouges, brunes, vertes, bleues ; c'est un éblouissement, et ces couleurs vives, variées, à côté l'une de l'autre, ne sont pas criardes, ne choquent pas l'œil : les poutres grises, les ardoises bleuâtres, les vitres claires, les lignes blanches du plâtre, le fond rouge ou bleu, tout cela se mêle ensemble, se confond en un harmonieux ensemble ; le soleil s'est arrêté là et y a jeté un rayon de son prisme diapré ; ces maisons étincelantes sont animées, on y sent circuler la vie.

Oui, la vie : rien n'est plus vivant que cet aspect des villes de Bretagne : elles sont trop éloignées du centre pour avoir suivi la mode ; à peine quelques maisons modernes font disparate : les maisons, une fois construites, sont restées telles qu'il y a quatre siècles ; partout la couleur éclatante, ce qui frappe, ce qui saisit, et avec la couleur, les formes variées, le mouvement et la vie. La vie, c'est le caractère du moyen âge ; époque agissante, il marchait, il se remuait, il se constituait : voilà pourquoi sa qualité particulière est la couleur, non la ligne : la ligne est la qualité d'une époque assise, où tout est défini, rangs, principes, institutions, comme au XVIIe siècle ; la couleur, c'est la qualité d'une société qui cherche une position, qui change de place et se tourne sans cesse, qui est en *révolution*, le mot dit la chose. Voilà aussi pourquoi l'école romantique s'est tant éprise du moyen âge, elle sentait que le moyen âge et l'époque où elle parut étaient dans des conditions analogues ; la ligne ne lui convenait pas avec ses beautés régulières, imposantes et ordonnées ; ce qui lui était propre, c'était la couleur, l'agitation du drame, la vie en marche comme une armée.

Les détails sont en harmonie avec l'ensemble ; à mesure que vous avancez dans ces rues étroites, vous êtes frappé de signes particuliers qui vous disent que vous n'êtes pas en France : les maisons de toute la ville sont numérotées dans un ordre unique (à Paimpol, à Auray, à Lamballe, etc.) comme en Allemagne ; le n° 560, par exemple, n'est pas celui d'une rue, mais un des numéros de toute la ville ; cette classification uniforme doit remonter au XVIIe siècle, quand la nation s'unifiait, que tout tendait à former un centre, un bloc. Sur les enseignes des boutiques, vous lisez des noms rauques et durs à prononcer, des noms celtiques : *Kerharo, Péchic, Quémener, Le Corb, Kerest, Cosquer, Coëffic, Le Houédec, Langloch, Sancio, Kergroës.* Au fond de ces petites boutiques, dans la demi-ombre, près des ballots proprement rangés, vous apercevez la haute coiffe d'une bretonne assise, tricotant avec une impassible régularité ; de vieux meubles brunis et luisants encombrent la chambre trop étroite, des bahuts, des tables sculptées, des lits à plusieurs étages, montant l'un sur l'autre jusqu'au plafond, comme dans un navire. Quelquefois, reste d'une aisance disparue, le lit n'est pas seulement un meuble ordinaire : large, profond, il a des portes comme une armoire, avec des ferrures ouvragées, des balustres sculptés à meneaux délicats; c'est presque un monument. Tel était celui que nous vîmes à Léhon, près de Dinan, dans une petite maison dont la porte était toute grande ouverte, selon l'usage de Bretagne ; une pauvre vieille femme était là, assise sur un escabeau à trois pieds, tournant d'une main ridée un vieux rouet finement découpé, du temps de Louis XIII. Ce rouet, le grand lit fermé, à rosaces, qui tenait tout un côté de la chambre, le banc de bois et la table à pieds tournés, la vieille femme dans l'exact costume breton, on eût dit que rien n'avait bougé depuis des siècles; madame de Sévigné s'y serait reconnue : « Combien gagnez-vous, ma bonne femme, à filer ainsi tout le jour ?—Quatre ou cinq sous, dit-elle. » Ce devait être le même prix au xviie siècle. Comment donc fait-elle pour vivre ? Nous demeurâmes silencieux et attendris en face de cette humble résignation qui ne se plaignait pas.

Il y a quelque chose de sacré dans les habitudes anciennes, dit Cicéron. Le vieux mobilier des siècles passés est conservé en Bretagne, même dans les églises ; on trouve des bancs sculptés dans les cathédrales de Tréguier, de Quimper, ou des confessionnaux du même style que le lit de Léhon, à balustres, à rose,

et à serrure compliquée (dans une petite chapelle de
Châteaulin). Dinan a un musée ; dans ce musée, il y a
de tout, des pierres et des médailles, des poteries et
des tableaux ; mais de plus, il y a quelque chose de
particulièrement breton, des reliques bretonnes, la pan-
toufle de la duchesse Anne, la giberne de Latour d'Auvergne, le casque de du Guesclin.

Est-il besoin de dire qu'en Bretagne plus qu'ailleurs
on rencontre de ces vieux châteaux-forts, démantelés,
tombant en ruines, qui, du haut de la colline où ils
sont plantés, semblent surveiller la campagne, et sur
lesquels s'attache involontairement le regard du voyageur ? S'il faut dire la vérité, tous les chateaux-forts
se ressemblent, qui en a vu deux ou trois peut se
figurer les autres ; et pourtant, une ruine intéresse
toujours l'homme ; c'est que là, toujours il fait la com-
paraison de son état présent avec son état passé ;
parmi ces pierres écroulées se relèvent et passent les
hommes d'autrefois ; ce que regardent les yeux n'est
que l'enveloppe de ce que rêvent sa mémoire et sa
pensée. Parfois même le présent est debout à côté du
passé comme à Cesson.

La tour de Cesson (près de Saint-Brieuc) était jadis
une puissante forteresse ; pendant la guerre de la suc-
cession de Bretagne, entre Blois et Montfort, c'était par
là qu'arrivaient les Anglais, alliés de Montfort ; Montfort avait-il le dessus, il tenait Cesson, et y recevait ses
renforts d'Angleterre ; Blois était-il le plus fort, il s'en
emparait et empêchait les Anglais de débarquer. En

trente ans de combats, Cesson passa ainsi plusieurs fois de l'un à l'autre. Au temps de la Ligue, il devint le repaire d'un capitaine ligueur qui pillait et rançonnait tout le pays ; mais un jour vint où Henri IV, résolu à remettre toutes choses en ordre, obligea les gouverneurs de forteresses à se soumettre, ou, quand ils ne se soumettaient pas, les fit pendre. Le château de Cesson fut alors abattu ; il ne resta debout que la tour du donjon ouverte à tous les vents.

Aujourd'hui elle appartient à un riche propriétaire, ancien représentant, esprit sagace et instruit, unissant, comme quelques hommes de notre époque, les idées d'égalité et un instinctif amour du luxe, à la fois démocrate et châtelain. De même que les seigneurs d'autrefois, il a voulu avoir son château, un château moderne et un jardin anglais, un jardin malgré le sol de roc où ne s'enfoncent pas les racines, malgré les ouragans qui arrachent les arbres, malgré l'air âcre et salin qui, comme sur tous les bords de la mer, rongé la feuille et penche les branches du côté de la terre ; cette inclinaison uniforme d'un seul côté donne aux rivages de la mer une solennelle tristesse ; l'homme sent que là sa force est impuissante ; c'est une autre main qui courbe ces arbres et leur donne leur pli pour toujours. Mais lui, dure tête bretonne, avec la ténacité de sa race, il a creusé çà et là de larges espaces où il a planté des arbres verts ; ces pauvres petits arbres, du fond de ces trous, élèvent timidement la tête de quelques pouces, jusqu'à ce que l'âpre bise, venant par-dessus, les arrête brusquement et leur dise aussi en son langage : Tu ne monteras pas plus haut !

Quant au château, il eut un instant la pensée de le bâtir dans les flancs de la vieille tour ; des divans de soie de son salon, on eût aperçu la pleine mer par les fenêtres à ogives percées dans un mur de dix pieds ; mais il fut intimidé par cette masse de pierres qui se tiennent à peine et surplombent au-dessus de sa tête ; il désespéra d'atteindre, avec ses petits étages, le haut de cette ruine découronnée, et il se résigna à construire son château au pied de la tour, à quelques pas, dans son ombre. Là il a bâti un pittoresque logis, une sorte de villa italienne, peinte de vives couleurs, avec une galerie à jour courant le long du toit plat, il y a rassemblé les stucs et les marbres, les vases et les dorures, tout le luxe de notre temps.

Mais, lorsqu'on sort de cette jolie et coquette demeure, le contraste des deux sociétés apparaît saisissant : le petit château, accroupi au bas de la tour, s'abaisse comme humilié et craintif ; tous les détails s'amoindrissent ; il semble qu'à peine un homme passerait par ses portes étroites ; on dirait qu'on le peut saisir à deux mains par les arcs de sa balustrade comme par des anses, l'enlever de terre, et l'emporter comme un joujou d'enfant. Et vis-à-vis, au contraire, s'élève la haute tour, montée sur un énorme monceau de débris écroulés ; les grandes pierres de son faîte pendent dans le vide, et sur l'azur du ciel s'ouvrent les degrés de son escalier rompu. Dressée à l'extrémité d'un promontoire qui s'avance dans la mer, de plusieurs lieues, de toute la côte et de l'Océan, on aperçoit sa masse longue et sombre ; tout à l'entour la campagne est nue et sans arbres, presque sans maisons ; ébréchée et crevée, elle s'allonge vers le ciel, comme un colossal obélisque ; au-dessous, à plusieurs centaines de pieds, la mer frappe de ses vagues sa base de rochers, les vents la battent incessamment, et de ses flancs s'envolent, en jetant de longs cris, les oiseaux aux ailes grises, vers l'Océan.

X

Saint-Nazaire.

Le nouveau port et la nouvelle ville.

La Bretagne, quelque isolée qu'elle soit par ses mœurs du reste de la France, n'est pas restée étrangère à l'incessante activité de notre époque : elle aussi a vu les larges routes traverser ses landes désertes et les chemins de fer pousser en avant leurs rails rigides, qui tout à l'heure vont atteindre Brest, au bout de la terre. Mais son œuvre la plus importante devait être sur la côte même, au bord de cette mer qui l'attire et lui donne la vie : ses petits ports ne lui suffisaient plus; au versant de la presqu'île, à cinquante lieues de Brest, elle a créé un grand port, Saint-Nazaire.

Il y a dix ans, c'était un village de cinq cents âmes; il n'y avait pas de port; on n'y voyait que quelques barques de pêcheurs qui se mettaient à l'abri derrière une petite jetée. Aujourd'hui, c'est une ville de cinq mille âmes, qui, dans dix ans, en aura trente mille.

Depuis longtemps on se plaignait que les sables empêchaient les grands navires de remonter la Loire jusqu'à Nantes ; ils s'arrêtaient à Paimbeuf, où ils s'allégeaient d'une partie de leur cargaison. Ce beau fleuve de la Loire est en effet sillonné et comme parcouru, dans presque tout son cours, par des sables voyageurs. Près de son embouchure même, à trois lieues de la mer, où la Loire est large d'une lieue, le chenal n'a parfois pas plus de deux pieds d'eau ; les bateaux à vapeur qui courent chargés de voyageurs entre ses deux rives basses et verdoyantes, labourent le fond du fleuve avec leur quille comme une charrue, et laissent en fuyant, derrière eux, de longs sillons d'une eau troublée et jaunâtre.

Un jour, il est décidé que Saint-Nazaire deviendra un port. Aussitôt, avec cette ardeur propre à notre âge, on se met à l'œuvre : la terre est largement entamée ; on creuse un bassin de vingt-quatre pieds de profondeur ; les plus grands navires de commerce y peuvent entrer, même les frégates ; le chemin de fer de Nantes est prolongé jusqu'à Saint-Nazaire ; en peu de temps, vingt rails s'alignent et se croisent au bord du bassin. Cependant, pour couvrir ce port nouveau, il faut des fortifications : on amoncelle les terres enlevées des quatorze hectares du bassin, on les élève tout autour comme des collines ; de larges fossés les environnent ; bientôt la maçonnerie les revêtira, ils seront armés de canons ; Saint-Nazaire ne sera pas seulement un port, il sera une ville forte.

Ces immenses travaux sont improvisés en quatre ans, improvisés, mais parfaits. Vastes quais aux dures assises de granit, larges écluses, lourdes portes de fer, grues colossales, on enfonce profondément dans le sol, on attache par des chaînes énormes et redoublées tout cet attirail puissant de machines, tout ce que l'homme a pu inventer de plus fort pour lutter contre cette eau légère qui, en léchant les quartiers de roc, les use, les rompt et les emporte.

Mais le principal restait à faire, la ville : le gouvernement avait construit le port, les remparts ; les particuliers ont bâti la ville ; tout de suite on l'a conçue sur un grand plan : on a vu un Havre nouveau dans l'avenir, non un avenir de cent ans, mais un avenir prochain, immédiat. En ce temps-ci, où l'on ne compte plus par mille francs, mais par millions, les spéculateurs sont accourus ; des fortunes se sont élevées en trois jours ; tel champ estimé il y a dix ans quinze mille francs, s'est vendu sept cent mille ; mais rien n'étonne aujourd'hui en fait de révolutions, nous en vivons.

Voici trois ans que cette ville est commencée, et déjà l'on entrevoit le développement qu'elle va prendre. On lit, dans les récits des voyageurs, la création des villes neuves des États-Unis : une bande de pionniers s'avance vers l'ouest, au bord des forêts et des prairies indéfinies ; ils abattent les arbres séculaires, et, tandis que l'on arrache les souches énormes du sol, sur le terrain à peine déblayé des maisons s'élèvent,

8.

des magasins s'ouvrent, un chemin de fer relie la ville éloignée aux grands ports de l'est. De même ici : à côté de l'ancien village, dont les maisons basses sont entassées autour du petit clocher de la vieille église, une grande cité sort de terre, neuve et blanche ; les quartiers se dessinent, les maisons se groupent aux carrefours ; on suit de l'œil dans la campagne la trace des rues longues et larges ; une douzaine de maisons, à droite et à gauche, au commencement, au milieu et au bout, se dressent comme les jalons alignés de la rue nouvelle ; dans les intervalles, des prairies et des blés ; ici une maison haute de quatre étages, avec des boutiques resplendissantes, peintes et dorées comme à Paris ; à côté un champ labouré, une haie chargée de mûres, une hutte de chaume. Demain, la hutte sera jetée à terre, la haie arrachée, le champ défoncé, et une autre grande maison s'appuiera à la maison voisine, on la bordera de trottoirs, on allumera le gaz ; voilà une rue Vivienne. Une vaste place est tracée devant le bassin ; il n'y a là encore que deux ou trois maisons à chaque extrémité ; le centre est rempli de décombres ; mais ces maisons, ce sont de grands cafés, des hôtels où la table est sans cesse dressée et toujours servie : une population active, ardente, pressée, ouvriers, marins, industriels, voyageurs, va et vient, remue les moellons, creuse la terre, descend des wagons, débarque des bateaux à vapeur, charge et décharge les navires ; de la jetée à la gare, c'est tout un peuple fourmillant dans un espace étroit encore.

Déjà les premiers négociants de Nantes y ont des comptoirs, déjà le bassin est rempli de navires venus de tous les points du monde ; on y voit ces grands clippers américains de dimensions colossales, qui jaugent dix-huit cents tonneaux et tirent vingt-quatre pieds d'eau, comme des frégates. Déjà l'on a compris l'insuffisance d'un seul bassin ; on en commence un second, on en projette un troisième. A toute heure, les longs bateaux à vapeur filent devant vous, pour remorquer les navires, pour transporter les marchandises et les matériaux nécessaires au service du port ; et, au travers de ce mouvement général, du bruit incessant des chantiers de toutes sortes, des pelles, des pioches et des marteaux, des chaînes qui crient en levant les ancres, du murmure sourd des machines çà et là dressées, des cris d'appel des ouvriers, des chants cadencés des matelots penchés sur le cabestan, par-dessus même la rumeur aboyante des vagues qui tombent sur le rivage comme une masse de plomb, à coups égaux, de temps en temps un sifflet strident, aigu, déchire l'air, et s'élève vers le ciel comme une plainte de douleur qui s'échappe et se tait tout à coup. C'est le sifflet du chemin de fer, de la locomotive toujours allumée, toujours prête à partir, la machine du *mouvement,* c'est son nom, et qui semble dire : Allons ! allons ! pressez-vous ! avançons !

XI

Les lutteurs.

———

Les costumes. — Les Pardons. — La lutte. — Postic.

Les Pardons de Bretagne sont, avant tout, des fêtes religieuses, mais aussi des fêtes de village, des *assemblées,* comme on dit en Poitou, où les divertissements et les jeux succèdent aux cérémonies de l'Église. Si le pardon dure deux jours, la première journée appartient exclusivement à la religion : la grand'messe d'abord ; l'église de la paroisse a d'avance été décorée avec soin, parée de fleurs et de feuillages ; ni chaises ni bancs, d'ailleurs : hommes et femmes, les femmes dans la nef, les hommes dans le chœur et les bas côtés, tous sont agenouillés sur le pavé, le chapelet entre leurs doigts, pieusement recueillis, répondant aux chants du prêtre d'une seule voix, voix puissante des fidèles assemblés qui porte au ciel la prière avec tant de force, qu'il semble que Dieu ne lui saurait résister.

Après la messe, la procession en grande pompe :

les jeunes filles, en blanc, semant des fleurs ; les garçons les plus robustes tenant levées les vieilles bannières brodées d'or, d'argent et de soie ; les croix, les châsses étincelantes, les statues peintes des saints, les dais surmontés de plumes, au milieu de deux files, s'avançant d'un pas lent, que marque le chant des cantiques ; et, derrière le prêtre qui porte le saint Sacrement une foule d'hommes, le chapeau à la main et silencieux. Le soir, les vêpres, où nul ne manque non plus qu'à la grand'messe ; enfin le salut, la bénédiction, cette cérémonie essentiellement catholique, à laquelle l'indifférent même n'assiste pas sans une émotion involontaire, et aussi saisissante dans une humble église de village que dans les magnifiques cathédrales.

Dans l'intervalle de la procession et des vêpres, de nombreux pèlerins accomplissent les vœux formés pour implorer une grâce ou pour remercier Dieu. Les uns remplissent la chapelle du saint en l'honneur de qui a lieu le pardon, et y passent des heures en prières ; d'autres, plus fervents, font autour de l'église, à une fontaine miraculeuse ou à un tombeau, de longs voyages, pieds nus ou sur leurs genoux. Cependant ceux qui n'ont point à s'acquitter d'un vœu se tiennent en dehors de l'église, sur la place, conversant par groupes, doucement et gravement ; nul bruit, aucun cri, rien qui puisse troubler la sainteté du jour ; les cabarets sont vides et les rendez-vous des jeux, déserts.

Ainsi se passe le premier jour du pardon ; le lendemain est tout aux jeux.

Jadis, dans la plupart des paroisses de Bretagne, il n'y avait pas de pardon sans courses, danses, luttes, jeux singuliers et particuliers au pays. Bien plus que la langue et le costume, ces vieux usages peu à peu ont été délaissés. Les courses de chevaux, les danses surtout, protégées par les femmes, ont persisté ; mais les luttes, ces luttes héroïques que célébraient les poëtes, et dont ils glorifiaient les vainqueurs en des vers que les jeunes filles chantaient aux veillées, on ne les trouve plus que dans un petit nombre de paroisses, sur les confins du Finistère et du Morbihan. Là du moins, l'enthousiasme pour ces rudes joûtes n'a pas diminué ; quelque minime que soit le prix, de nombreux lutteurs sont toujours prêts à le disputer, et jeunes, fiers, ardents, devant une foule toujours émue, à briguer l'honneur de vaincre.

Parfois même, ces jeux rustiques prennent un air de grandeur inaccoutumée. Un riche propriétaire, défricheur de landes, comme les moines des premiers siècles, savant admirateur des bardes bretons, barde lui-même, poëte en cette langue celtique qui est demeurée immuable depuis trois mille ans, veut célébrer un heureux événement survenu dans sa maison, et donne une fête populaire avec la pompe et l'éclat consacré par la tradition antique (1).

(1) Il y a quelques années, une fête de ce genre fut donnée par un savant breton, M. de la Villemarqué, qui, à la science la plus sûre, unit ce vif sentiment de la poésie qu'on dirait inné dans la nation armoricaine.

Longtemps à l'avance la fête est annoncée dans cent paroisses : on l'apprend, on se le répète le dimanche, au sortir de la messe. On y reverra tous les jeux anciens, la course à pied, où se déploie l'agilité des jeunes hommes, les courses de chevaux qui attestent qu'elle n'a rien perdu de ses robustes et patientes qualités, cette race de petits chevaux nerveux, infatigables, courageux, que l'on dirait issus, comme les Bretons, de ce sol de rocs ; puis, après les courses des femmes, et les courses en sac qui font épanouir les visages et éclater les longs rires, les luttes, la meilleure part de la fête. Le prix de la lutte, cette fois, ce n'est pas un ruban, un chapeau, un maigre mouton de cinq francs ; on parle de présents magnifiques : trois prix sont réservés aux vainqueurs, une somme d'argent suffisante pour acheter un champ, un taureau de quatre ans, aux cornes dorées, et un costume breton complet ; ce costume a coûté trois mois de travail au tailleur, qui a épuisé tout son art à orner les larges boutonnières, les parements, les gilets et les guêtres, de fins dessins en soie de toutes couleurs, superbe vêtement dont sera fier le plus riche gars du pays. Des invitations ont été adressées aux lutteurs les plus renommés, à ceux de Rosporden, de Banalec, de Pont-Aven, de Fouesnant, de Kerneven ; on n'a pas oublié ceux de Scaër et de Guiscriff, connus par l'ardente rivalité qui rend si longs leurs combats : Scaër est du Finistère, Guiscriff du Morbihan ; on verra où, des deux pays, naissent les plus forts hommes. Enfin, à la fête doit venir Mathurin (1), le fameux sonneur de biniou, celui qui alla à Paris, jouer des airs bretons dans un drame breton, *la Closerie des genêts,* et que le roi voulut entendre dans son palais des Tuileries. Vieux à cette heure, aveugle, on ne le voit plus que rarement aux pardons; mais, répondant cette fois à l'appel du poëte, il jouera quelques-uns de ces airs mélancoliques et sauvages, dont les notes aiguës s'entendent par delà les longues landes, airs des anciens temps, que le Breton, absent de la patrie, répète au dedans de lui-même, assis au bord de la route, le front dans la main.

Entre les jolies petites villes des côtes de Bretagne, Pont-Aven est une de celles qui charment le plus d'abord et inspirent le désir de s'y arrêter. Un ravin tout encombré d'énormes roches, d'arbres confusément poussés, aulnes, peupliers, saules, et, parmi ces arbres et ces rochers, une petite rivière rapide, tournant autour des rochers, glissant entre leurs défilés, bouillonnant en petites cascades, noire ou claire, selon qu'elle reflète l'ombre des arbres ou la lumière du ciel : voilà le fond du tableau. Sur les deux versants s'étagent les maisons de la ville, et presque autant de moulins que de maisons s'éparpillent sur les bords, assis sur les roches ou à demi cachés dans les arbres (2). Tout est riant et frais en cette jolie vallée : au tic-tac régulier des grandes roues se mêle le murmure de l'eau, le frô-

(1) Mathurin est mort au mois de septembre 1859.
(2) Le proverbe dit : Pont-Aven, quatorze maisons, quatorze moulins.

lement des herbes et des feuilles; la voix sourde de la
nature, qui ne se tait jamais, adoucit le bruit dur et
triste du travail de l'homme.

Un peu plus bas, la rivière s'élargit, et, libre en son
cours, plus profonde, salée déjà et verdâtre, va se perdre dans la grande mer.

C'est dans une prairie, non loin de ce joli bourg qui
attire les peintres, qu'avait été assigné le rendez-vous
des luttes. Au lieu le plus élevé, sur une estrade, étaient
assis deux vieillards, célèbres autrefois par leurs victoires, et qui, aujourd'hui, à l'âge de plus de quatre-
vingts ans, la tête couverte de longs cheveux blancs,
avaient été nommés juges du combat. Derrière eux, de
grands bois fermaient la prairie comme un rideau vert,
et en face s'étendait la mer, la mer qu'on n'entendait
pas, mais que l'on voyait bleue, immense, se confon-
dant à l'horizon avec le firmament, et tout étincelante
aux rayons du soleil. Tel était le lieu du combat : sous
un ciel éclatant, au bord des forêts, vis-à-vis de cette
mer que les hommes, comme si elle allait répondre à
leurs questions, ne se lassent pas de contempler. Le
poétique génie du barde breton semblait avoir choisi
ce beau site, en souvenir de Virgile et d'Homère.

La prairie est couverte d'hommes et de femmes arrivés des points les plus opposés, et qui portent comme
écrit le nom de leur village sur leurs costumes variés.
On reconnaît la coiffe des femmes de Pleyben qui enveloppe leur figure comme un béguin de religieuse; la
coiffure de Landerneau qui s'allonge par derrière, rap-

pelant la cornette du moyen âge ; le grand et haut bonnet des artisanes de Rosporden, dont les dentelles flottent au vent ; celui des femmes de Saint-Thégonec, qui en relèvent sur le sommet de la tête les barbes gonflées comme des voiles de navire ; puis, le plus joli des costumes bretons, celui des filles de Pont-Aven, dont une coquetterie et une propreté recherchée font valoir le beau teint et la taille élégante : nulle ne les égale pour le luxe et l'éclatante blancheur de leurs coiffures, de leurs manches et de leurs larges collerettes. La coiffe, appliquée sur le front et descendant le long des tempes, laisse voir leurs cheveux soigneusement lissés, puis, s'écartant sur les côtés, comme des ailes, encadre l'ovale régulier de leurs frais visages. Du coude au poignet, les bras sont enveloppés, mais non cachés par de larges manches de mousseline bouffante, et une collerette à petits plis menus dessine autour du cou et des épaules une courbe gracieuse.

Un peu plus loin, voici la singulière coiffure bigarrée de Pont-l'Abbé : grandes et fortes, la peau teinte de la couleur orangée propre aux races asiatiques, on dirait que les femmes de Pont-l'Abbé sont une tribu étrangère venue, à travers l'Océan, sur les côtes de l'Armorique. Leur costume ne ressemble à aucun des costumes de Bretagne : la coiffure, composée de bandes de drap d'or, d'étoffes rouges brodées en soie, de mousseline bleue, est posée un peu en avant, ainsi qu'un léger bonnet grec, sur le sommet de la tête ; les cheveux par derrière sont à découvert. Ces bonnets bleus, rouges, dorés, brillent çà et là parmi les coiffes blanches comme des fleurs aux couleurs vives et scintillantes; ils ont donné leur nom aux femmes de Pont-l'Abbé : on dit les *bigoudens* de Pont-l'Abbé. Le reste du costume a autant d'éclat : la jupe, le corsage, les manches sont ornés de larges galons verts, rouges, dorés, de broderies, de torsades, d'œillères en soie de toutes couleurs, et ces couleurs si diverses, hardiment rapprochées, se fondent dans un ensemble brillant et harmonieux. Les peuples simples ont souvent le secret de cette alliance heureuse de couleurs opposées où échoue la science des nations les plus raffinées.

Le costume des hommes n'est pas moins varié; on voit, l'un à côté de l'autre, les hommes de Saint-Herbot et de Châteauneuf-du-Faou, dont le long habit brun doublé de vert, orné de passementeries, de boutons et de broderies de soie rouge, descend jusqu'aux genoux, comme l'ample habit du temps de Louis XIV; les habitants des montagnes d'Arrée avec leurs vestes blanches; ceux du Faouet, dont le chapeau de paille, à larges bords, est recouvert d'une sorte de résille qui retombe du sommet comme les fils d'or des casquettes de jockeys; les élégants de Fouesnant, qui mettent l'un sur l'autre deux larges pantalons de couleur différente, débordant sur le coude-pied; les hommes de Gourin, aux culottes demi-collantes, et ceux de Quimperlé, qui portent encore l'antique *bragou-bras*, la braie celtique à mille plis, bouffant des deux côtés, descendant tout à fait au bas des reins, et laissant passer la chemise entre le gros bouton qui le retient, et la ceinture serrée avec une large boucle de cuivre ; et les gens de Scaër, enfin, que l'on distingue tout de suite au saint sacrement brodé en soie qu'ils portent au milieu du dos, comme s'ils s'étaient déclarés serfs de Dieu.

Un roulement de tambour annonce l'ouverture des luttes ; un vaste cercle se forme à l'instant, chacun prend place : les hommes s'étendent sur l'herbe, à plat ventre, c'est le premier rang ; d'autres, les retardataires, s'agenouillent ou s'asseoient sur leurs talons, en seconde ligne ; quant aux femmes, elles se tiennent derrière, debout, en rangs pressés.

Toutes ne se plaindront pas, d'ailleurs, de la place qui leur est assignée : plus d'une, reconnue dans la foule par un jeune garçon qu'elle aussi, avant lui-même, a aperçu, le verra de loin quitter son rang, se glisser derrière le cercle attentif, et, le sentant, sans le voir, tout près d'elle, tournera à demi la tête pour entendre de douces paroles et laissera pendre sa main dans la main de son amoureux, promesse muette et gage de prochaines fiançailles.

Les luttes débutent par les plus jeunes : des adolescents, des enfants presque, de douze à quatorze ans, se dépouillent de leur veste, se prennent à bras le corps, et cherchent à se jeter par terre. La lutte n'est pas longue, l'un a vite renversé l'autre ; mais, à peine le vaincu s'est-il relevé, qu'il se précipite sur son adversaire, et le combat recommence. Trois, quatre, dix défaites successives ne le découragent pas ; il a déjà cette obstination des hommes de sa race. Tous les deux se serrent, se pressent, les bras raidis, les yeux en feu, le visage rouge de sang, et plus la lutte se renouvelle, plus elle devient longue et tenace. Tel qui a été renversé, la première fois, presque immédiatement, résiste ensuite un quart d'heure aux efforts redoublés de son vainqueur. Cependant, malgré leur acharnement, pas un mouvement de colère, pas un geste défendu, pas une infraction aux règles de la lutte : on ne doit se prendre que par le buste; aucun, pour gagner un avantage, ne frapperait au visage son adversaire, ou ne le saisirait par les cheveux. Ces enfants ont la conscience de ce qu'ils se doivent à eux-mêmes : ils veulent se montrer dignes de devenir un jour de vrais lutteurs. Enfin, et en s'y prenant à plusieurs fois, on les sépare. C'est le tour des hommes.

Un homme sort des rangs, et, le chapeau à la main, fait le tour du cercle. Si personne ne se présente pour le lui disputer, le prix lui appartient. Mais un autre aussi entre dans l'arène : à ce moment une femme, quittant précipitamment sa place, court après lui, et le retient par le bras, c'est sa mère; il est trop jeune encore, elle ne veut pas qu'il lutte, il recevra peut-être un mauvais coup. Le jeune homme résiste; impatient de montrer sa force, il écarte doucement sa mère, et elle le suit malgré lui, et on la voit lui parler avec cette vivacité d'amour qu'ont seules les mères; elle lui prend les mains de peur qu'il ne s'échappe d'elle. L'assemblée assiste impatiente et divisée à ce combat de tendresse et de fière ardeur : les jeunes gens et les jeunes filles sont pour le fils, les plus âgés pour la mère, — jusqu'à ce que l'un des vieillards, jugeant en faveur de la plus faible, décide qu'une fois encore le fils cédera à la douce contrainte des pleurs maternels.

Un autre, d'ailleurs, s'est présenté ; celui-ci est un lutteur célèbre, cent bouches le nomment à la fois ; il fait deux pas en avant avec lenteur et gravité, et étendant le bras : *Reste debout !* dit-il. A ces mots, Yves Hervé, du bourg de Banalec, s'arrête : il a reconnu Postic, de Scaër ; le prix sera vivement disputé. Aussitôt il quitte sa veste et son gilet, ne gardant que son bragou-bras et sa chemise de grosse toile, exactement serrée au corps, afin que son adversaire ait moins de prise. Ses parrains s'approchent et, rassemblant ses longs cheveux, les nouent par derrière avec un long ruban. Les pieds nus, il se tient immobile, allègre et agile pour le combat. Postic aussi s'est dépouillé de ses vêtements, mais ses parrains ne se sont pas présentés pour lui attacher les cheveux ; il les laisse flotter librement sur son cou ; le haut de la tête nue, le visage maigre et sillonné des rides que creusent de bonne heure les travaux des champs, il ressemble presque à un vieillard, mais sa taille haute et droite, ses bras robustes croisés sur sa poitrine, et le regard assuré de ses yeux enfoncés sous ses sourcils, décèlent l'homme dans la force de l'âge.

Le signal est donné : les deux adversaires font le signe de la croix, et s'approchent lentement l'un de l'autre, les yeux dans les yeux, les bras tendus, cherchant comment ils se vont saisir. Puis, d'un même mouvement, ils se joignent et enlacent leurs bras ; en un moment ils sont serrés l'un contre l'autre d'une force égale ; de leurs mains crispées, ils tâchent, à travers la chemise, de saisir la peau ; tous deux, maîtres d'eux-mêmes, combinent à la fois leur propre effort et celui de l'adversaire ; on voit les muscles saillir à leur cou et sur leurs épaules. Hervé sait quelle est la force et l'habileté de Postic, mais c'est pour lui un honneur de le combattre, il ambitionne la gloire de le vaincre, et, deux fois déjà, il a évité le choc par lequel Postic le devait renverser. Quant à Postic, la lutte lui est si familière, qu'il semble modérer sa force plutôt que la développer tout entière ; à un moment même où il veille moins sur lui, un de ses pieds cède, il glisse et tombe. Un grand cri part de l'assemblée, les juges se lèvent de leur siége : mais, dans le temps même où il perdait pied, Postic a vu le danger, et, d'un mouvement agile et preste, s'est tourné de manière à tomber sur le côté. Il reste là, quelques secondes, immobile, pour qu'il soit bien prouvé qu'il n'est pas vaincu. En effet, le vaincu, c'est la loi des luttes, doit être renversé droit sur le dos, les deux épaules touchant la terre ; c'est ce qu'on appelle *avoir le saut*. Les juges déclarent que le coup ne compte pas, et Postic se relève, aux applaudissements des uns, au milieu du silence des autres.

Le spectacle va avoir maintenant une autre physionomie : jusque-là, l'assemblée avait assisté, muette, aux incidents de la lutte ; mais les passions sont, à cette heure, éveillées : les gens de Scaër prennent parti pour Postic, ceux de Banalec pour Hervé. Le combat est repris plus vif, plus acharné que la première fois ; les deux lutteurs, animés par un intérêt plus ardent, ont à soutenir, l'un son premier succès, l'autre sa réputation. Ils ne demeurent plus dans le même lieu, ils se pressent, ils se poussent de plusieurs pas en arrière ou en avant ; à chaque instant les jambes sont lancées l'une dans l'autre ; les bras, enlacés autour du buste, font plier les reins ; deux fois successivement ils s'enlèvent de terre, et l'on croit qu'ils vont tomber ensemble, puis ils reprennent pied et recommencent le combat. Ils ont alors, dans ces mouvements précipités, des gestes et des attitudes d'une admirable noblesse : lorsque Postic, tenant fermement le bras droit d'Hervé, et, lui serrant l'épaule gauche de son autre main, l'éloigne de lui, et, la tête baissée en avant, s'appuie sur l'une de ses jambes raidie comme un arc fortement bandé, il rappelle ces belles statues d'athlètes que nous a laissées l'antiquité, et que l'on regarde avec une sorte d'orgueil, tant elles donnent une grande idée de la beauté et de la force de l'homme.

Les spectateurs, cependant, les yeux attachés sur les combattants, suivent leurs mouvements avec une émotion passionnée : tout est oublié, excepté le spectacle qui est devant eux. Hommes et femmes se baissent, se redressent, comme si eux-mêmes prenaient part à la lutte ; de la voix et du geste, ils excitent les combattants ;

on entend à chaque instant : *Stard! Derta! Courage! tiens bon!* Ou bien ce sont des cris d'admiration à un coup habile : *Ce n'est pas sot!* Quelques-uns, emportés par une ardeur dont ils n'ont pas conscience, se traînent sur leurs genoux et sur leurs mains, et suivent dans sa marche désordonnée la lutte qui, à tout moment, change de place ; tous les bras sont agités, les yeux animés et brillants, tout le monde a la fièvre.

Mais, tandis que la lutte semble le plus incertaine, Postic saisit, de ses deux mains fermées comme des étaux, le corps d'Hervé, l'arrache du sol, et, d'un effort gigantesque, l'enlevant par-dessus sa tête, le lance derrière lui. Hervé tombe lourdement, le choc a été si violent qu'il demeure étendu de tout son long ; le sang lui sort par le nez et la bouche. Il n'y a de doute pour personne, les deux épaules ont à la fois touché la terre. Les vieillards se lèvent : *Mad!* disent-ils, *le coup est bon!* D'unanimes applaudissements éclatent dans l'assemblée : Hervé s'éloigne en essuyant le sang qui coule de son visage, et Postic rentre dans le cercle, du même pas grave et lent qu'en arrivant.

L'issue du combat n'est pas toujours aussi franche et décisive : deux lutteurs se rencontrent quelquefois de force presque égale, qui combattent longtemps sans qu'il y ait un vainqueur. C'est ce qui arriva au Pardon de Rosporden, en 1859 : les deux rivaux étaient, dans une nature différente, comme les types du lutteur breton ; l'un, grand, élancé, blond et sans barbe, quoiqu'il eût trente ans, paraissait plus jeune que son âge ;

9.

on ne l'avait vu encore qu'une ou deux fois dans les luttes, et l'on doutait d'abord qu'il pût soutenir un combat un peu prolongé. Mais, quand il eut mis bas sa veste, que ses cheveux noués par derrière et sa chemise à demi ouverte eurent laissé voir ses larges reins et ses fortes épaules que surmontait une tête petite comme celle des athlètes antiques, un murmure d'étonnement parcourut l'assemblée ; il parut tout à coup un autre homme, ainsi que ce faux mendiant qui, dans Homère, se dépouille de ses haillons et s'avance d'un pas noble et majestueux, semblable à un dieu. Son nom était Trolez, c'est-à-dire *lait tourné*.

L'autre s'appelait Le Guichet ; il n'avait que vingt ans, et contrairement à son compagnon, on l'eût dit plus âgé. Brun, petit, ramassé, le cou rentré dans les épaules, à chacun de ses mouvements, ses muscles solides ressortaient, pareils à des cordes, sur ses bras robustes ; sa grosse tête, ses cheveux noirs, épais, à demi longs, tombant sur son front bas et presque sur ses yeux, sa poitrine velue, l'expression résolue de son visage carré, lui donnaient un aspect étrangement sauvage ; on ne pouvait s'empêcher de le comparer à un taureau.

Après s'être mesurés des yeux, ils se saisirent, et alors commença une lutte, d'abord lente, mesurée, chacun calculant la force de son adversaire, puis plus pressée et plus précipitée. Trolez, de ses longs bras entourant son rival, s'efforçait de l'enlever de terre ; mais, à peine celui-ci avait-il perdu pied, qu'il retombait aussi solide et affermi qu'auparavant. Le but de Le Guichet était de lancer un de ces rapides coups de pied qui font plier subitement la jambe ; l'adversaire perd l'équilibre et tombe. Mais Trolez, attentif à tous ses gestes, ne se laissait pas approcher : les jambes écartées, le dos longuement tendu et appuyé sur ses reins, il demeurait comme ancré dans le sol ; il n'avançait ni ne reculait, ses pieds ne bougeaient pas de la place qu'ils occupaient ; aux assauts redoublés de son rival, il résistait impassible comme une muraille.

Cette immobilité obstinée excitait, au lieu de l'abattre, l'ardeur de Le Guichet. Abandonnant sa tactique première et se servant, comme d'un moyen de vaincre, de l'inégalité de sa taille, il se jetait à corps perdu sur Trolez, et, lui enfonçant sa grosse tête sous l'aisselle, ainsi qu'un coin énorme, de son cou et de ses rudes épaules il poussait en avant, semblable à un bœuf qui choque un chêne de son front, pensant le soulever et le porter de tout son poids à terre. Mais nulle secousse ne faisait dévier Trolez d'une ligne.

Longtemps et à plusieurs fois, ils se prirent et se quittèrent, rouges, la chemise en lambeaux, une sueur abondante coulant sur leurs visages et le sang sortant par leurs narines. Enfin, après des assauts coup sur coup renouvelés, tous deux s'arrêtèrent en même temps, haletants et non épuisés, mais reconnaissant l'un chez l'autre une force qu'ils se sentaient impuissants à surmonter. Les juges, qui avaient assisté avec étonnement et admiration aux péripéties du combat, ne pouvant nommer un vainqueur, voulurent cependant leur donner une marque d'estime, et leur partagèrent le prix. Trolez, que son inexpérience dans l'art de la lutte avait seule empêché de triompher, qui s'était contenté de résister, mais **qui**, dans sa résistance, avait montré une vigueur sans égale, reçut la plus large part ; Le Guichet reçut la moindre, comme prémices des prix qu'il saurait un jour remporter. Puis, tous deux se tendirent la main, sans forfanterie et sans rancune, oubliant leur rivalité passagère, et redevenus compagnons du même village.

Telle est la générosité de la belle jeunesse : elle aime le combat pour le combat même ; ses intérêts, elle n'en a souci, et, confiante en l'avenir qu'elle ne mesure pas, si elle est vaincue aujourd'hui, elle compte sur le jour de demain pour gagner les succès et la gloire. Mais, plus tard, quand il s'est épuisé en de durs efforts contre les obstacles de la vie, l'homme mûr ressent en lui les premières secousses des passions envieuses ; moins fort, il s'irrite, et il hait ; il n'a pas seulement des émules à vaincre, il a des ennemis à humilier, et ce sentiment de rivalité jalouse, il le décore d'un beau nom, il l'appelle le sentiment de *l'honneur*.

Ce Pardon de Rosporden, déjà remarquable par le combat incertain de Le Guichet et de Trolez, fut signalé par un événement émouvant et inattendu : Postic, le fameux lutteur qui n'était jamais sorti d'une lutte que victorieux, fut ce jour-là vaincu. Trois fois déjà dans la journée, il était entré dans la lice et avait remporté le prix. Infatigable et plein de confiance, il se présenta une quatrième fois, et tout d'un coup, sans que rien fît présumer l'affaiblissement de ses forces, et alors que les spectateurs attendaient avec assurance le moment où il renverserait son adversaire, il fut soulevé violemment et jeté à terre ; il tomba en entraînant avec lui son rival. A ce coup soudain, l'assemblée demeura muette, pas un applaudissement n'éclata ; on ne pouvait croire que Postic *eût eu le saut.* Mais il ne pouvait y avoir d'incertitude ; les juges proclamèrent le vainqueur. Postic alors se releva : son rival était presque inconnu comme lutteur ; il lui serra fortement la main, puis, sans qu'un geste, sans que son visage et sa voix exprimassent les agitations de son cœur, mais pâle, et les bras croisés sur sa poitrine, il annonça aux juges que, jamais plus désormais, il ne paraîtrait dans les luttes.

XII

Les monuments.

Vanneau. — Les statues. — Colonne de Louis XVI. — Du Guesclin.

Les grands caractères appellent la lutte : la Bretagne est le pays de France le plus religieux, gardien de l'ancienne foi, représentant de l'ancienne société ; c'est en Bretagne que la Révolution a triomphé avec le plus de hauteur : sur ce sol royaliste et chrétien, en face de ces croix, de ces calvaires, de ces statues de saints, de ces églises, elle a affecté de planter les monuments qui attestent sa victoire. Partout on trouve les marques de son triomphe : de quelque côté que l'on entre en Bretagne, à Saint-Florent, la colonne de Bonchamp mutilée ; au Pin-en-Mauges, le monument de Cathelineau renversé ; à Rennes, à Nantes, des inscriptions en l'honneur de la Révolution. A Saint-Malo, les premiers noms que l'on entend prononcer sont les noms de Lamennais et Chateaubriand, c'est-à-dire des deux plus grands révolutionnaires du xix° siècle. Car, si Lamennais est le philosophe qui nie le principe de l'ancienne société, Chateaubriand est l'écrivain de la nouvelle; c'est lui qui a changé la vieille langue, qui a introduit une nouvelle forme; l'un est haineux et amer, comme les révoltés qui ressentent encore, tandis qu'ils détruisent, des secousses de leur conscience; l'autre est mélancolique et triste, comme un homme qui vit parmi des ruines.

A Rennes, dans la capitale de l'ancienne Bretagne, au point le plus culminant de la ville, lorsque vous montez à cette belle promenade du Thabor d'où vous dominez, étendue à vos pieds, la terre de Bretagne, la vraie Bretagne qui commence, vous rencontrez une colonne surmontée d'une statue, avec cette inscription :

A VANNEAU, A PAPU.

Quels sont ces noms? qu'ont-ils fait pour qu'on leur érige une colonne? L'inscription vous le dit :

MORTS POUR LA LIBERTÉ EN JUILLET 1830.

Et en effet, la statue, c'est la Liberté, tenant en main la Charte de 1830. — O pauvres héros inconnus et oubliés de ceux-là mêmes qui vous ont dressé un monument! qui songe à vous, Vanneau, et à vous, Papu? Papu surtout, qu'était-il? pourquoi la destinée de ces deux noms, Vanneau, Papu, est-elle si différente? pourquoi un seul jouit-il de quelque notoriété, et l'autre est-il si oublié? On ne sépare pas les noms d'Harmodius et d'Aristogiton. Paris a donné le nom de Vanneau à une des rues nouvelles du faubourg Saint-Germain, entre les hôtels de Castries, de La Rochefoucauld, de Damas et de Beauffremont; mais qui jamais entendit parler de Papu? Il y a un peu plus de trente ans qu'il est mort; personne ne sait qu'il a vécu. — Ils sont morts pour la liberté! Pauvres gens encore! Cette liberté, elle a duré dix-huit ans et même un peu moins. Vanneau et Papu étaient jeunes; s'ils avaient vécu quelques années de plus, ils n'auraient pas eu atteint l'âge de la maturité, qu'ils auraient vu cette même liberté de nouveau attaquée, et, cette fois, se seraient-ils fait tuer pour elle? Colonne de Vanneau et de Papu, colonne de Juillet, quels enseignements donnez-vous à nos fils, quelle pensée noble et élevée porterez-vous de nous à la postérité?

De même, à Nantes, au milieu des sévères hôtels de cette fidèle noblesse de Bretagne, dont les membres les plus illustres versèrent leur sang pour leur roi, à quelques pas des statues des grands hommes bretons qui gardent l'entrée des deux cours, sur la base même de la colonne qui supporte la statue de Louis XVI, une inscription révolutionnaire est scellée, une inscription qui glorifie la révolte d'un peuple contre son souverain,

qui atteste la ruine de la vieille monarchie, et la défaite
du frère même de Louis XVI par ses sujets! et cette
inscription, que personne n'a osé encore enlever, elle
a été appliquée là par des Anglais, par les ennemis
séculaires de la Bretagne et de la France.

ICI PRÈS, A EU LIEU UNE LUTTE SANGLANTE

ENTRE LES OPPRESSEURS ET LES OPPRIMÉS,

LE 30 JUILLET 1830.

DES LABOUREURS ET DES OUVRIERS ANGLAIS

ONT FAIT POSER CETTE INSCRIPTION, EN TÉMOIGNAGE

DE LEUR ADMIRATION POUR LA BRAVOURE,

LA VALEUR ET L'INTRÉPIDITÉ NANTAISE.

Ce ne sont pas là les véritables monuments de la
Bretagne; ces monuments, vous les trouverez à Saint-
Cast, où a été élevée une colonne commémorative de
la défaite des Anglais en 1758, par des paysans bretons
rassemblés à la hâte, précurseurs des chouans de 93,
qui n'avaient pas appris la guerre, mais à qui le sentiment national enseigna la victoire; à la Chartreuse,
près d'Auray, où sont entassés les os des victimes de
Quiberon; dans l'église de Brest, où Louis XVI a fait
placer le cœur de du Couëdic, un de ces marins bretons
qui avaient transporté jusque dans le XVIIIe siècle l'esprit de la chevalerie antique; à Rennes, devant la façade du palais du parlement de Bretagne, où sont
dressées, dans une noble attitude, les statues de sa-

vants jurisconsultes, de consciencieux historiens, de graves magistrats, Gerbier, d'Argentré, Toullier ; à Nantes, où, au pied, et comme les gardes du vieux château des ducs de Bretagne, se tiennent debout les plus illustres des héros de l'Armorique, du Guesclin, Clisson, Richemont, la reine Anne, grands noms bretons et aussi grands noms français ; les gloires des deux peuples ici se confondent : Clisson et du Guesclin, les vainqueurs des ennemis de la France, en même temps que chevaliers bretons ; Richemont, que l'histoire appelle moins le duc Arthur de Bretagne que le connétable de Richemont, et cette charmante femme, gracieux symbole de l'union des deux nations, la duchesse Anne de Bretagne, qui est aussi la reine de France.

Puis, dans presque toutes les villes, à Rennes, à Nantes, à Dinan, à Saint-Brieuc, à Saint-Malo, la statue du grand homme breton par excellence, du Guesclin. Du Guesclin ! son souvenir domine toute la Bretagne ; quand on en cherche la raison, ce n'est pas parce qu'il fut un vaillant chevalier ; bien d'autres l'ont été ; non pas même parce que, Breton, il parvint aux plus hautes dignités et fut connétable et généralissime des armées de France ; ses compatriotes lui reprochaient, au contraire, de s'être fait plus Français que Breton, et il y eut un moment où il vit s'éloigner de lui la plupart des chevaliers bretons ; c'est que, outre les qualités de son pays, il eut, à un éminent degré, les vertus du vrai chevalier, la loyauté inaltérable, cette loyauté à laquelle rendaient hommage les Anglais, quand ils venaient déposer les clefs de Châteauneuf-Randon sur son cercueil, obéissant au mort comme s'il eût été vivant, parce qu'ils savaient qu'il aurait agi ainsi ; la libérale munificence : à plusieurs reprises il distribua tout ce qu'il possédait à ses compagnons d'armes ; la persistante volonté, une finesse qui n'excluait pas la franchise, deux qualités qui s'unissent difficilement et qui appartiennent en propre au Breton ; on sait comment, à Avignon, il sut obtenir du pape de l'argent et l'absolution pour les Grandes Compagnies ; le désintéressement, enfin, et la grandeur d'âme : il est prisonnier du Prince Noir, on le laisse libre de fixer lui-même sa rançon : il se taxe à cent mille florins. Où trouverez-vous une pareille somme ? lui dit le prince de Galles. — Les rois, les princes, le pape la payeront, et, si j'allais dans mon pays, il n'est pas une femme qui ne filât sa quenouille pour me racheter ! Magnanime confiance qui demande autant qu'elle donne ! En du Guesclin, les Bretons honorent non-seulement le grand homme breton, mais le type du chevalier chrétien.

Voilà les véritables monuments de la Bretagne, les monuments consacrés à ses grands princes, à ses héros, aux représentants de son histoire et de sa gloire passée. Les villes de Bretagne ne pouvaient pas ne point avoir ces statues sur leurs places ; la voix des peuples commandait, pour ainsi dire, de les élever, afin qu'ils eussent sans cesse devant les yeux ces modèles de vaillance, de sagesse et d'honneur, qui ne sont d'aucun parti et que la Bretagne peut présenter à tous les pays et à tous les siècles.

Et enfin, c'est Nantes qui, seule de toutes les villes de France, a songé à élever une statue à Louis XVI, pensée bretonne à la fois et française : le dernier roi de France dans la capitale de la Bretagne, le roi pieux dans la religieuse cité; en face de la vieille cathédrale, à la limite des deux pays, entre le grand fleuve de la Loire, qui vient des campagnes de France, du cœur même de la France, et la jolie rivière d'Erdre qui descend, calme douce, de la vieille Armorique.

La France, un jour, reconnaissante et repentante, élèvera un monument à Louis XVI, le plus pur, le plus dévoué de tous ses rois, qui, au milieu d'une corruption générale, dans une cour où ses frères mêmes continuaient le doute philosophique et les débauches de Louis XV, demeura croyant et chaste ; qui apporta sur le trône « les deux qualités qui font les bons rois, la crainte de Dieu et l'amour du peuple (1), » et à qui cet amour sincère révéla les besoins de la chose publique; qui restaura la marine, aida les États-Unis à s'affranchir, supprima les derniers vestiges de la féodalité, abolit la torture et donna l'édit de tolérance ; qui, le premier, eut la pensée des réformes salutaires, les indiqua et les commença au prix de ses droits, de sa liberté et de son sang; à ce roi honnête homme, enfin, dont Napoléon Ier voulait réhabiliter solennelle-

______

(1) Mignet.

ment la mémoire, que le pape Pie VI songeait à faire canoniser (1), et que les peuples appelèrent le *restaurateur de la liberté française,* avant qu'il eût mérité le titre de *roi-martyr !*

(1) Allocution du 17 juin 1793.

XIII

Quériolet.

Un caractère breton.

C'est là, c'est en Bretagne, que l'on rencontre des hommes fortement caractérisés, race dure comme le sol, solide comme le granit; il semble qu'aux vents de la mer qui battent leurs côtes, ils se soient raidis. On dit proverbialement une *tête bretonne,* c'est-à-dire une tête qui veut, qui persiste et va jusqu'au bout. Nulle province n'a donné à la France plus de génies indociles. La Bretagne a commencé par Abélard, au XIᵉ siècle, elle a fini dans le nôtre par Broussais et Lamennais, et par Chateaubriand, libéral à la manière des vieux Bretons, et au fond, ennemi du pouvoir. Toujours le parlement de Bretagne fut difficile à mater; il résistait encore quand les autres avaient depuis longtemps cédé. Les émeutes de Rennes et des autres villes de Bretagne, sous Louis XIV et

Louis XV, étaient excitées ou soutenues par le parlement. Du Guesclin, — il n'y a pas de plus mauvais garnement sur la terre, disait sa mère,— est un des types de ces âpres Bretons, et aussi ce du Couëdic qui, avant d'attaquer un vaisseau anglais (combat de *la Surveillante* contre *le Québec*, le 7 octobre 1779, près des îles d'Ouessant), fait mettre son équipage à genoux et réciter le *De profundis,* et après : *Maintenant vous pouvez mourir !* et il se promène sur le pont, frappant du pied, dit un contemporain, comme une baleine qui frappe la mer de sa queue. Le combat fut terrible, le vaisseau anglais sauta, et la frégate de du Couëdic rentra à Brest, presque en ruines. D'autres, moins célèbres, ont une vigueur, une raideur de caractère et de principes qui, dans l'antiquité, en eût fait des stoïciens, et, au XVIIe siècle, des jansénistes, E. Souvestre, Alex. Duval, Duclos : le premier, philosophe pratique, le second, ardent en ses haines, le troisième, d'une franchise abrupte. Je veux raconter ici quelques traits d'un homme presque inconnu, le Gouvello de Quériolet, qui donneront une idée de ces natures à part, tout d'une pièce, pour qui il n'est pas de demi-mesures, également extrêmes dans le bien comme dans le mal.

Sa vie a deux parts : le brigand et le saint. Il était né, en 1602, à Auray, d'une riche et puissante famille ; son enfance annonça bien sa jeunesse. Nul enfant n'eut de plus mauvais instincts et un plus méchant naturel. Il ne respecte ni Dieu, ni ses parents, ni ses maîtres ;

malgré de grandes facultés, on n'en peut rien tirer :
ses camarades mêmes, il les injurie et les bat, il rappelle du Guesclin qui désolait son père et sa mère,
mais avec cette différence qu'il ne se trouve pas une
seule bonne religieuse qui porte un heureux horos-
cope sur un tel garnement.

A peine adolescent, il a tous les vices des débau-
chés : il hante les mauvais lieux et les maisons de jeu;
il crochète le coffre de son père, lui dérobe deux mille
livres, se sauve de la maison paternelle, et le voilà
lancé par le monde, comme un étalon échappé. Nul
frein, nulle barrière : à Paris, il s'associe à des filous
pour voler au jeu ; en Allemagne, il court le pays,
guerroyant pour le premier venu ; il se trouve encore là
trop à l'étroit, il songe à aller à Constantinople, il s'y
fera Turc, et y vivra en pleine licence et à son caprice.

Après une éclipse pourtant, il reparaît en Bretagne.
Le hasard de sa naissance lui donnait droit à une
charge de magistrature, et ce n'est pas un des moin-
dres étonnements, en ce temps qui suit les guerres
civiles, qu'un tel homme conseiller au parlement de
Rennes. Mais cette nouvelle dignité ne le retient pas ;
au contraire, elle ne lui sert qu'à se livrer à tous les
excès avec impunité; bientôt il devient fameux par
ses débordements : duelliste, libertin, hypocrite et
impie, c'est Mirabeau, Richelieu et don Juan tout ensemble. Il a rompu avec toute sa famille; son nom et
ses titres, il ne s'en soucie, il les traîne dans les or-
gies; la vie des hommes, l'honneur des femmes, sont

pour lui un enjeu ; il poursuit les unes pour les perdre, il insulte les autres pour les tuer. Il avait acquis une terrible habileté aux armes, seul exercice auquel il se fût appliqué ; de même que Gondi sa soutane, il se plaît à faire déchirer sa robe de magistrat dans les duels. Il marche littéralement l'épée au poing, insolent envers tout le monde, injuriant les passants, sans s'occuper de la qualité ni du nombre ; une fois, une troupe de cavaliers indignés s'arrêtent en le menaçant ; peu lui importe, il sont six, sept, huit, il fond dessus ; le premier qu'il joint, il le jette à terre, l'enfile de sa lame, la retire du cadavre, sans plus s'en soucier que d'un chien, et s'élance sur les autres qui, épouvantés de cet enragé, s'enfuient au plus vite ; une autre fois, il se battit contre quatorze.

Des femmes, il en est de même : il joint l'audace à la ruse ; il les attaque en pleine rue, ou se déguise en charbonnier pour pénétrer chez elles ; il fait de longs voyages exprès afin d'aller séduire une belle, ou il apporte sur son dos une échelle pour escalader une fenêtre. Il en veut surtout aux religieuses ; en corrompre quelqu'une lui est un régal qui dépasse les séductions ordinaires ; il s'introduit dans un couvent en sa qualité de magistrat, et une fois là, il déploie l'hypocrisie la plus raffinée. Le don Juan de Molière n'a rien de plus complet que ses affectations de langage dévot, ses roulements d'yeux, ses soupirs, ses sentiments de componction ; il édifie les bonnes Sœurs par ses paroles éloquentes sur la brièveté de la vie, la nécessité de se tenir toujours sur ses gardes, de penser à l'éternité, au terrible moment où il faudra rendre ses comptes ; il leur fait part de sa résolution de racheter ses péchés par des aumônes, de faire l'Église son héritière par des fondations pieuses, etc. De même aussi que don Juan, et c'est peut-être chez lui que Molière a pris ce trait, il donne l'aumône à un mendiant à condition que le pauvre homme ne la demandera pas *au nom de Dieu*, et, pour lui montrer l'exemple, il blasphème tout haut dans les rues, il se moque de Dieu, il appelle à lui les démons.

Car il ne craint pas plus Dieu que le monde : une nuit, le tonnerre roule au-dessus de sa maison, à coups répétés ; exaspéré de cette voix de Dieu qui le semble menacer, il s'élance de son lit, ouvre sa fenêtre, et, comme Ajax défiant Jupiter, décharge ses pistolets contre le ciel, tandis que la foudre tombe sur son lit.

C'est un véritable révolté contre la société, non qu'il ait à s'en plaindre, mais par nature perverse, ayant du plaisir à jouer cette partie, prenant à tâche de se faire craindre et détester, comme d'autres de se faire aimer, et, en ce sens, un être véritablement diabolique.

Il mena cette vie jusqu'à trente-deux ans. A ce moment, un événement inattendu, imprévu, le changea. Il était allé à Loudun, en Poitou, pour voir une belle protestante dont il avait entendu parler et pour essayer de la séduire. C'était le temps des exorcismes qui accompagnèrent et suivirent le procès d'Urbain Grandier. Ce spectacle extraordinaire, qui n'était pour tant d'autres qu'un sujet de curiosité, le bouleversa : tout d'un coup, le côté grave de la vie se dévoile et lui apparaît ; il va trouver un prêtre, se jette à genoux et lui fait une confession générale : il était converti.

S'il se convertit, ce n'est pas par faiblesse d'esprit, affaissement de ses forces, à un âge où les passions amorties sont près de s'éteindre : à cette heure, son énergie est aussi grande, la vigueur de son esprit n'a pas baissé : « Vous ne délibérez pas pour vous enivrer, dit saint Clément d'Alexandrie, vous ne délibérez pas pour faire une injure ; il n'y a qu'une occasion où vous délibériez, c'est quand on vous propose d'embrasser la piété ! » Lui, il ne délibère pas ; subitement éclairé par cette lumière que les sceptiques nomment un trait du hasard, et que les chrétiens appellent la grâce de Dieu, il voit qu'il est dans la mauvaise voie, et, sans hésiter, avec cette soudaineté de volonté propre aux âmes supérieures, rebrousse chemin et prend la route opposée : c'est le même homme, seulement, selon le sens exact du mot, il se *convertit*, c'est-à-dire il se tourne dans le sens contraire.

La conversion d'un homme est toute autre que celle d'une femme : vous est-il arrivé parfois d'entrer, durant la journée, dans une église? elle est presque déserte ; seulement quelques femmes, dispersées dans la nef, prient ou méditent en silence ; vous apaisez vos pas, vous admirez leur recueillement, leur piété, leur modestie. Mais ce n'est pas ce qui vous étonne le plus :

c'est si, parmi ces femmes, vous voyez un homme, un homme à genoux au pied d'un autel, absorbé dans sa pensée et le front dans ses mains. Pourquoi donc la vue de cet homme vous étonne-t-elle? C'est que, les femmes, il semble naturel qu'elles s'humilient devant le Très-Haut : elles sont faibles, elles s'avouent faibles, elles tendent à la source de toute force. Mais l'homme, qui se proclame l'être fort, qui combine, règle et conduit les affaires du siècle, qui n'admet pas d'autre directeur que lui-même, qui, chaque jour, puise plus de confiance en sa raison par les grandes choses qu'il a faites avec cette raison, cet homme prosterné, humilié et priant comme une femme! pour en venir là, il faut qu'il ait un bien puissant et profond sentiment de son impuissance, qu'il ait lutté bien longtemps, bien durement, qu'il soit allé au fond des plus intimes méditations, pour avoir vu qu'il n'y avait que Dieu capable de le protéger. C'est après avoir examiné, pesé toutes les ressources de la force départie à l'homme que sa raison est arrivée au bout, s'est trouvée face à face avec Dieu, a reconnu que Dieu seul est fort, et s'est abaissée. Il y a là à la fois la plus grande force de la raison, et l'humiliation de cette même raison.

Un des spectacles les plus émouvants qu'il m'ait été donné de voir en Afrique est celui d'une cérémonie religieuse, la veille du béiram. C'était le soir, dans une mosquée : le ramadan finissait, et les musulmans s'assemblaient pour adresser, au dernier jour de ce temps de pénitence, une solennelle prière à Dieu. Du haut d'une galerie où étaient admis les chrétiens, nous embrassions au-dessous de nous la vaste nef, étincelante de lumières et toute remplie de croyants : là, pas une femme ; des hommes seulement, en rangs réguliers, agenouillés sur les nattes, et tous immobiles, recueillis, sans qu'un seul fît un mouvement de curiosité ou d'inattention. Les marabouts, au fond, chantaient une hymne lente, dont la psalmodie sévère ressemblait au chant de nos églises : à certains moments, le chant se taisait, et une voix isolée s'élevait, comme un cri vers le ciel, comme la plainte de Job s'adressant à Dieu, demandant une consolation et un appui. Et l'on voyait alors tous ces hommes, vêtus de blanc, la tête enveloppée du haïk que ceint la corde de chameau, se prosterner ensemble, le front à terre, les bras et les mains étendus, dans le sentiment de leur néant.

Les Européens, qu'avait amenés un vain amour de nouveautés, gais, insoucieux, riants, se montraient avec des plaisanteries ces génuflexions et ces prosternements. Ils ne voyaient là qu'un spectacle inconnu ; il y avait pourtant un grand enseignement. Ces hommes humiliés, à genoux, qui, avec leurs vêtements blancs, ressemblaient à des moines, c'étaient ces Arabes si fiers d'ordinaire, dont l'attitude et la démarche sont empreintes d'une si profonde dignité, qui passent, indépendants, leur vie dans la plaine et sous la tente ; et parcourent le désert, dont ils sont les maîtres, sur leurs chevaux rapides, dont les jeux quotidiens sont de vrais jeux de l'homme, les *fantasias,* où, lancés au

10.

galop, ils se poursuivent et se dépassent, jetant leurs longs fusils en l'air, ajustant, couchés sur leurs hautes selles, un ennemi invisible, faisant retentir la poudre qui les enivre et les enveloppe de fumée; ces mêmes Arabes qui, hier encore, poussant le cri de guerre, livraient aux Français ces combats acharnés d'où, quand ils en triomphaient, nos capitaines rapportaient un nom glorieux! Eh bien! ces adversaires terribles, que nous avons appris à estimer en les combattant, c'étaient eux qui, là, prosternés et courbés sous la main de Dieu, rendaient à Dieu l'hommage qui lui est dû, grands et véritablement hommes dans leur adoration comme dans la bataille.

C'est là un sérieux sujet d'espérer en l'avenir de ce peuple : il a des vices, il est abattu par la corruption d'une religion fausse, mais il possède une vertu féconde : son cœur est religieux; il a le sentiment de sa condition vis-à-vis de Dieu, il ne s'abuse pas sur sa force, il ne se dresse pas debout comme un rival du Tout-Puissant; il se relèvera.

Quériolet était résolu à changer de vie : mais ne croyez pas qu'il se va confiner dans un monastère, pour s'y abîmer dans les prières et les méditations solitaires : cette vie de retraite semble trop facile à cette âme active; il avait donné au monde le spectacle de ses désordres et de ses vices, il fera le monde témoin de sa pénitence : là il trouvera encore à chaque pas les mêmes objets qui l'ont tenté; il lui faut combattre des ennemis vivants, présents, qui se renouvellent sans cesse : voici la cupidité, l'orgueil, la volupté ; il part en croisade, il n'attend pas l'ennemi, il le va chercher.

D'abord, il se prend au plus rude et plus difficile à vaincre, l'orgueil, l'orgueil qui, selon le mot d'un Père (1), est un renoncement à Dieu et un mépris des hommes. Il n'a pas plus tôt arrêté sa résolution, qu'il monte à cheval pour retourner en Bretagne : on ne voyageait pas en ces jours de troubles sans être armé ; il était venu en Poitou dans un menaçant équipage, les pistolets à la ceinture et l'épée au flanc ; il en repart dans une toute autre attitude : il attache ses pistolets et son épée sur sa selle, avec des cordes ; désormais, il ne s'en servira plus. Les routes sont infestées de brigands, qu'importe ! qu'on l'attaque, il sera dans l'impossibilité de se défendre. Bien plus, dès qu'il est arrivé dans son château, il quitte ses habits brodés, ses plumes et ses dentelles, et, revêtu d'un vieux pourpoint à l'envers, un chapeau déformé sur la tête et un bâton à la main, il se met en route pour un pèlerinage, mendiant son pain, couchant, la nuit, sous un porche ou dans une écurie. Ce jeune seigneur si fier, si arrogant, qui prenait partout le haut du pavé, un jour, une troupe de gueux, le voyant prier à deux genoux à la porte d'une église, le raillent, l'injurient et se jettent sur lui. Ah ! à ce moment, le nouveau converti s'indigne, il se retrouve gentilhomme, et lève son bâton pour se défendre ; mais ce mouvement de l'homme du

(1) Saint Jean Climaque.

passé n'a qu'un instant ; il commande à son sang de se calmer, il lance son bâton derrière lui, et se laisse accabler de coups. Diogène jeta son écuelle, reconnaissant qu'il pouvait boire avec sa main : il ne faisait faire qu'un sacrifice à son corps ; Quériolet ne porta plus de bâton, sacrifice bien autrement dur, imposé, non à son corps, mais à son âme qui avait essayé de se révolter.

Il a conquis l'humilité, première vertu, la plus contraire à la nature, la plus difficile à pratiquer, il est chrétien ; maintenant, on le peut dire, tout était facile : il avait brisé le grand ressort qui fait agir les hommes ; dès lors, ce que font d'ordinaire les hommes, il ne le faisait plus : il avait en lui une force qui l'élevait au-dessus de la terre, il accomplissait sans effort des actions que nous, d'en bas, alourdis, nous regardons comme impossibles : mais, ainsi qu'on l'a dit, « qui ne tend pas à l'impossible n'accomplit pas le nécessaire. »

Aussi, je ne m'étonne pas de ses jeûnes, de ses prières continuelles, des rigueurs auxquelles il se condamne : Il avait été impie ; il consacre sa vie à étudier, à connaître cette religion qu'il avait abandonnée, à servir et adorer Dieu qu'il avait blasphémé ; il avait été voluptueux, débauché ; il passe en prières, à genoux, sept et huit heures par jour, quelquefois dix heures ; il s'impose l'obligation de jeûner le reste de sa vie, de trois jours l'un, au pain et à l'eau, sans compter le long séjour qu'il fait de temps en temps dans des lieux déserts, livré aux plus rudes austérités. Il avait eu pour les femmes un de ces penchants violents par lesquels l'homme ressemble à un animal aveugle et furieux; il fait le vœu, et il l'observa jusqu'à sa mort, vis-à-vis même de ses parentes, de ne plus regarder jamais une femme de ces yeux qui avaient tant péché. Sa vie passée avait été une vie tout efféminée, de mollesse et de plaisirs faciles; il en mène une toute dure, de fatigues et de peines, il ne dort que tout habillé, par terre ou sur une chaise; comme d'autres inventent des voluptés nouvelles, il s'applique à la recherche des pratiques les plus rudes, de tourments dont il puisse souffrir à chaque instant : il porte des souliers dont les clous transpercent la semelle et entrent dans les chairs, et il entreprend ainsi de longs pèlerinages, faisant jusqu'à dix lieues par jour dans ce supplice. En un mot, la règle qu'il a prise est *de faire à son corps le plus de mal qu'il pourra* (1).

Le plus de mal à son corps, et le plus de bien à son prochain. Le poëte, quand il a voulu faire de l'avare un portrait saisissant, l'a montré avec tous les dons de la fortune : il possède une grande maison, des valets, des chevaux, une voiture, seulement il n'en use pas; et c'est dans Molière un trait de génie : la vilité de son avare paraît d'autant plus qu'il est plus riche. Quériolet aussi, qui veut se livrer à la pénitence, ne suit pas la règle ordinaire; il ne se défait pas de ses biens, il ne se rend pas indigent; il a un château, des domestiques et des terres, il les garde; seulement,

_____

(1) Le P. Dominique de Sainte-Catherine, *Vie de M. de Quériolet.*

tout cela n'est pas son bien, mais celui des pauvres; il ne le possède pas, il ne s'en regarde que comme l'économe. Lui aussi, il est avare, il place toute sa fortune chez les pauvres; mais c'est un avare plus avisé qu'un autre, il touchera l'intérêt dans le ciel.

Ainsi, il conserve ses domestiques, mais pour l'aider dans son œuvre de charité; son château, il le transforme en hôpital, il y recueille et y installe tous les malades et les infirmes du pays, et, n'en trouvant pas encore assez, il fait des voyages exprès pour en aller chercher au loin. A toute heure, on peut entrer chez lui, il a toujours à donner; quand il n'y a plus rien, il distribue ses vêtements, et jusqu'à ses rideaux et ses draps; jamais son blé n'est porté sur le marché pour être vendu, il le partage entre les pauvres; qu'a-t-il besoin d'ailleurs de ces revenus? il ne dépense pas par an cent livres; quand il ne jeûne pas, il ne se nourrit que de légumes, de pain et d'eau. Que l'on oppose Quériolet à l'austère censeur de Rome, à Caton, calculant les moyens de faire rendre le plus d'intérêt à son argent et épiant l'heure où il est bon de vendre ses vieux esclaves pour ne les plus nourrir, et que l'on dise ce que vaut la vertu du stoïcien près de l'humble charité de ce grand chrétien inconnu!

Mais ce n'est même pas avec les païens qu'il le faut comparer. Quels chrétiens ne dépasse-t-il pas en vertu! Il est rencontré par un gentilhomme qui, le prenant pour un pauvre, le bat et manque le tuer : il l'aide à remonter sur son cheval; un autre jour, il se présente, à

Rennes, dans une maison qu'il avait dotée pour y recueillir les indigents : il se laisse repousser et mettre à la porte, sans se faire reconnaître. On l'avait, presque de force, ordonné prêtre ; il s'y résout, mais il ne confesse que les pauvres, il ne veut être que le serviteur des plus petits, des plus humbles, avec qui il se puisse encore humilier. Sa vie se partage entre la prière, les pauvres et les malades : cet élégant, ce raffiné, ce débauché s'est fait le propre infirmier de son hôpital ; il veille au chevet des mourants, il soigne les galeux, il panse les plaies dégoûtantes ; nouveau Job, Job chrétien, plus sublime que celui de l'ancienne loi, car il s'est mis volontairement sur le fumier des autres.

Il est, à un autre point de vue, l'exemple le plus vif de la volonté et de l'énergie. Descartes avait dit : Je fais table rase de mon esprit, j'oublie tout ce que j'ai appris, et j'élèverai un nouvel édifice, pierre à pierre, en commençant par la première ; et on l'admire pour avoir eu cette pensée et avoir accompli ce qu'il avait conçu. Je m'étonne autant de l'œuvre de Quériolet ; dire : Je ferai en moi tel travail moral, n'atteste pas moins de force, et y avoir réussi n'est pas moins admirable.

C'est à ce moment, sans doute, qu'on fit son portrait, placé en tête de l'histoire de sa vie, où il est représenté avec un type fortement caractérisé : le nez en avant, un front buté, entêté, des pommettes maigres, saillantes, les yeux bridés, yeux dont la vivacité et la flamme sont adoucies et abattues par la continuité de la prière et des larmes, visage qui vous arrête, qui se fait regarder et dont on se souvient.

Il demeura dans la solitude, les méditations, les rigueurs et les bonnes œuvres, et sa pénitence dura vingt-six ans. Il mourut jeune, en 1660, car les austérités avaient vite épuisé son corps : quand il se sentit près de sa fin, il se traîna à Sainte-Anne d'Auray, le lieu de pèlerinage de la Bretagne ; il y voulut mourir et y avoir son tombeau, gardant ainsi, jusque dans la mort, le double caractère de sa religion et de sa race, de chrétien et de Breton.

XIV

Du mouvement intellectuel en Bretagne.

Archéologie. — Histoire. — Littérature. — Arts. — L'Association bretonne.

Ce serait un lieu commun aujourd'hui de faire remarquer le développement des études historiques en France; ce qu'il importe de constater, c'est le caractère sérieux qu'elles ont pris depuis quelques années. Lors du mouvement romantique de la Restauration, on s'éprit avec enthousiasme des vieilles chroniques et des légendes; mais cette ardeur nouvelle tenait plus au plaisir de découvrir des sujets et des tableaux curieux et pittoresques qu'à un amour sincère et désintéressé de la vérité. Ce fut le temps des romans historiques, des drames aux passions violentes, où l'imagination suppléait à la demi-science des auteurs, et où la fantaisie était si intimement mêlée à l'histoire, qu'il était difficile de faire la part de la réalité et de la fiction. Le siècle était en sa jeunesse, il faisait de la poésie, non de l'histoire.

Ce moment de première fièvre est passé : l'époque de la maturité est arrivée, et, avec la maturité, la gravité des études et de la pensée. Les hommes que nous voyons aujourd'hui à l'œuvre, ont, dans leurs travaux, une suite et une expérience qui les décèle hommes faits ; ils ne se contentent plus des premières impressions, il leur faut quelque chose de précis et d'exact, le vrai ; l'histoire de leur pays a pour eux un vif intérêt, ils veulent connaître les mœurs du passé, ses usages, ses arts, ses grands hommes, ses origines : de là, le développement des études archéologiques, études qui appartiennent plus particulièrement à la province.

I

Archéologie et histoire.

L'archéologie, c'est l'histoire de détail. De même que l'histoire naturelle, en grandissant, s'est divisée et subdivisée en une multitude de branches : géologie, anatomie comparée, paléontologie, embryogénie, etc., l'histoire, à mesure qu'elle a étendu son domaine, a été obligée de le répartir entre plusieurs mains : les époques ont été classées, et, dans chaque époque, les faits, les institutions, les monuments, les usages, les lois : architecture civile et religieuse, peinture et sculpture, vitraux et boiseries, émaux, carreaux historiés, vieilles chartes, chroniques et légendes, voilà l'archéologie, et chacun de ces sujets suffit à absorber la vie de plusieurs savants.

Une véritable armée d'érudits s'est répandue sur le vaste champ de l'histoire, le fouillant à l'envi, ne laissant rien de côté. Bientôt ils n'ont plus travaillé séparément, ils se sont réunis; partout des sociétés d'antiquaires se sont formées, et, tout d'abord, elles se sont signalées par un éminent service, dont on ne saurait se montrer assez reconnaissant; elles ont conservé nos vieux monuments. Il y avait une horde de démolisseurs que l'opinion stigmatisait du nom de *bande noire*, mais qui n'en continuait pas moins son œuvre indigne, et faisait tomber incessamment sur les églises et les châteaux le marteau de la destruction. C'est contre cette horde qu'entreprirent de lutter les antiquaires; ils se placèrent devant les monuments menacés, et déclarèrent qu'ils étaient là pour les défendre. Le public était indifférent; ils le réveillèrent, en lui expliquant ce qu'étaient ces vieux débris qu'il ne regardait même pas, ils accumulèrent les recherches, répandirent la connaissance du moyen âge, développèrent le goût; ils firent l'éducation de la bourgeoisie en art, en histoire. L'argent manquait, ils contribuèrent de leur bourse; ils étaient sans soutien, ils firent appel aux sympathies, au souvenir des gloires nationales. Le gouvernement ne put se dispenser de leur venir en aide, il leur donna une part de son budget; il mit son sceau sur les monuments, comme on couvre d'un manteau un pauvre. Devant cette protection inattendue, la *bande noire* recula, et ainsi furent sauvés de la ruine, conservés et restaurés, une foule de chefs-d'œuvre dont le sol de la France est couvert, que l'on dédaignait, que l'on ne connaissait pas, et qui font aujourd'hui l'objet de l'admiration des artistes, et des études des savants.

On ne croit pas être injuste envers les autres contrées de la France en disant que la Bretagne se distingue entre toutes par son zèle pour les études historiques. Dans toutes les villes importantes, il existe une société archéologique; il n'est pas un bourg, pour ainsi dire, où ne vive un de ces patients, modestes et infatigables *chercheurs de pistes*, qui s'appliquent à une partie spéciale de l'histoire de leur pays et l'étudient à fond : ainsi, M. Bizeul, de Blain, qui vient de mourir, a pris les voies romaines, sur lesquelles il a émis parfois des hypothèses discutables, mais, souvent aussi, des vues justes et perspicaces ; M. Ramé, de Rennes, les carreaux historiés; M. Etiennez, les archives de Nantes; M. du Châtellier, de Quimperlé, les curiosités archéologiques de son pays ; M. Durocher, de Rennes, la carte géologique de Bretagne.

Le véritable centre de l'archéologie est le Morbihan, le classique pays des dolmens et des menhirs ; là, à Carnac, en face des immenses alignements de pierres debout, à proximité de Locmariaker, un jeune érudit, M. de Keranflec'h, savant dans les origines et dans la langue de sa patrie, cherche à expliquer les monuments druidiques au milieu desquels il vit et à en déchiffrer le sens. Un examen attentif et persévérant, une rare perspicacité lui ont inspiré un système ingénieux, sinon certain, du moins probable, sur cet immense amas de pierres symboliques, qui, comme le sphinx, posent à la science une énigme dont jusqu'ici elles ont gardé le secret.

La société archéologique de Vannes est fort active : elle a fondé un musée, et elle compte des antiquaires

connus par de nombreux travaux : M. Lallemand, qui
s'occupe surtout de l'art aux premiers temps du christianisme; M. Rosenzweig, de la recherche des anciennes
chartes et des archives; M. le docteur Halleguen, de
Châteaulin, des antiquités romaines; plusieurs ecclésiastiques, M. l'abbé Marot, qui s'est appliqué aux antiquités celtiques; M. l'abbé Piederrière, à l'art du
moyen âge; M. de La Morvonnais, enfin, qui a écrit sur
l'architecture romaine en Bretagne un livre où les ap-
préciations d'une critique fine et juste se joignent aux
vues d'ensemble, et que l'Institut a couronné. Les
numismates, de leur côté, éclairent les points obscurs
de l'histoire de leur province. A Morlaix, c'est M. Le-
mière, à Rennes, M. Bigot; M. Bigot a publié et com-
menté toutes les monnaies de Bretagne, dans un volume
qui lui a valu les distinctions des académies. A Fontenay, qui, par sa position, est une ville plutôt poitevine
que bretonne, mais qui, par ses inclinations, se rattache
à la Bretagne, habite un autre numismate, M. Fillon;
mais M. Fillon n'est pas uniquement savant en médailles; il a rassemblé et publié déjà, en partie, une multitude de chartes, de pièces relatives à la Bretagne, à
l'histoire de la Révolution et à la guerre de la Vendée.
C'est à la fois un fureteur et un collectionneur, mais
sans l'étroitesse d'idées qui accompagne souvent ces
goûts exclusifs. De la masse de documents qu'il amasse
il tire des déductions générales; aussi ses travaux
ont-ils porté son nom hors de la province : ce n'est
plus un savant de l'Ouest; Paris le connaît, et la

Société royale de Londres l'a nommé son correspondant.

D'autres, comme M. du Laurens de La Barre ou le docteur Fouquet, recueillent les légendes populaires : La Fontaine avait bien raison de dire :

> Si *Peau d'âne* m'était conté,
> J'y prendrais un plaisir extrême.

Quoi de plus attachant, en effet, que ces récits légendaires où se révèlent les usages du peuple, ses traditions, ses croyances, ses superstitions, où sont si bien unis le diable à l'homme et les saints aux affaires de la terre, que le lecteur, entrevoyant vaguement ce qu'il y a de vrai, sans pouvoir le préciser, jouit à la fois de la poésie du rêve et du mystérieux attrait de l'inconnu ? Bien plus, jusqu'à quel point ne croyons-nous pas nous-mêmes à ces histoires fantastiques ? on ne saurait le dire. En voyant la bonne foi, le ton sérieux et convaincu du narrateur, en l'entendant citer ses témoins, accumuler ses preuves, désigner du doigt les monuments du récit, on se demande qui se trompe ici, et si ce peuple, qui tout entier atteste la vérité de ces faits, n'a pas plus de bon sens que le sceptique qui en rit. Il va sans dire que MM. Fouquet et du Laurens de la Barre ne sont que les rapporteurs de ces légendes : M. de la Barre est plus littéraire et plus moraliste, M. le docteur Fouquet plus naïf ; il ne raille pas, on voit qu'il sait parfois à quoi s'en tenir, mais il ne fait pas de réflexion qui vous désenchante ; au contraire, il a le respect de ces mœurs,

de ces croyances ; il vénère les vieilles pierres, les
lieux de pèlerinage, il raconte, comme un homme qui
se plaît à ce qu'il raconte, et l'on se plaît à l'écou-
ter (1).

La légende tient à la fois du conte, de l'archéologie
et de l'histoire ; elle sert de transition à l'histoire proprement dite : cette vieille province de Bretagne a conservé, avec sa foi, ses costumes et sa langue, un profond sentiment national, et l'histoire est pour elle une
manière de témoigner de son respect pour les ancêtres.
L'histoire de la Bretagne, depuis les temps les plus reculés, a été examinée, discutée et racontée sous toutes
les formes : monographies de villes, biographies d'hommes illustres, vies des saints, descriptions topographiques. Les ouvrages publiés récemment sont presque
innombrables : en première ligne, la *Biographie bretonne*, entreprise il y a déjà plusieurs années, par un
savant dévoué et infatigable, M. Levot, bibliothécaire
de la marine à Brest, qui, avec le concours de tout ce
qu'il y a en Bretagne d'hommes instruits, a retouvé dans
les chartes, dans les archives et les papiers de famille,
des faits ignorés, relatifs à des citoyens éminents oubliés
ou méconnus, et dressé comme un inventaire complet
de toutes les illustrations de sa patrie ; puis, sous une
forme plus scientifique, une autre histoire de la Bretagne, *les Anciens évêchés de Bretagne*, par MM. Geslin de
Bourgogne et An. de Barthélemy, un des ouvrages les

(1) Voir l'Appendice.

plus considérables qui aient été publiés depuis longtemps par les départements. *Les Évêchés de Bretagne*
n'auront pas moins de quatre gros volumes et un atlas
de planches représentant les types de l'architecture
religieuse, civile et militaire : histoire générale, histoire de chaque diocèse, de ses évêques, de ses établissements religieux, des villes, des fiefs, des paroisses, etc. C'est une revue exacte des événements et
des institutions, un véritable monument élevé à l'ancienne Bretagne.

A côté de ces grandes œuvres, voici une foule
d'études spéciales : tandis que d'excellents érudits
écrivent l'histoire de leur ville natale ou la vie de
ses grands hommes, M. Ropartz, la *Vie de saint Yves*,
patron de la Bretagne, l'*Histoire de Guingamp* et celle
des Missionnaires et Fondateurs d'ordres religieux en
Bretagne ; M. l'abbé Mouillard, la *Vie de saint Vin-
cent Ferrier;* M. de La Bigne-Villeneuve, l'*Histoire de
Rennes*, et M. Cunat, de Saint-Malo, la Biographie de
ces marins magnanimes, de ces vaillants corsaires,
Suffren, Surcouf, du Guay-Trouin, qui s'élançaient,
comme des milans de leur aire, de ce port fatal aux
Anglais ; d'autres approfondissent les questions les
plus difficiles et les plus ardues : M. A. de Blois, de
Quimper, les *Origines du droit breton ;* M. A. de Cour-
son, le *Cartulaire de Redon;* M. du Fougeroux, de
Fontenay, les *Premiers temps de l'Histoire du Poitou.*
M. Marteville, de Rennes, publie une nouvelle édition
de l'ouvrage classique sur la Bretagne, le *Dictionnaire*

11.

d'Ogée; et, à la pointe la plus éloignée de l'Armorique,
à Saint-Pol de Léon, petite ville qui fut autrefois un
évêché, et qui aujourd'hui est presque déserte, un savant généalogiste, M. Pol de Courcy, auteur du *Dictionnaire héraldique de la Bretagne,* fait paraître un magni-
fique Album de miniatures (*fac simile*) du xve siècle, le
Combat des Trente, accompagné de documents puisés
aux sources les plus authentiques sur les héros de cette
lutte homérique, dont le glorieux souvenir est consacré
par l'obélisque de la lande de *Mi-Voie.*

Dans les grandes villes, les ressources d'érudition
permettent d'entreprendre des ouvrages étendus,
comme les *Annales universelles* de M. Fourmont, à
Nantes, immense volume in-folio divisé en quinze ou
vingt colonnes, où viennent se ranger côte à côte tous
les peuples de la terre, depuis la création du monde.
Il est facile de faire ces sortes de tables synoptiques;
mais ce qui est moins aisé, et ce qui donne au livre de
M. Fourmont une valeur sérieuse, c'est qu'il l'a composé à un point de vue scientifique. Il y a là plusieurs
années de recherches laborieuses et une lecture immense : il est au courant de toutes les découvertes modernes, des travaux des savants de l'Europe et des savants de Calcutta; Zend des Persans, monuments du
Mexique, Védas des Indiens et Kings des Chinois, lui
sont aussi familiers que les traditions celtiques et les
Eddas des Scandinaves; aussi, à la lueur de ce faisceau
de lumières jaillissant de tous les points, il a, on n'ose
dire débrouillé, mais éclairé le chaos des premiers

temps, la séparation des peuples, leurs origines, leurs parentés, leurs migrations. Puis, après que, dans cette première partie, il a fait un rapide précis des événements, il reprend chaque période, il en écrit l'histoire morale : religions, langues, mœurs, institutions, philosophies, etc., dans la même forme synoptique, de manière à donner à la fois le spectacle de la marche de chaque peuple séparément, et du mouvement général de l'humanité, jusqu'au jour où le vieux monde vient, comme un grand fleuve, se jeter, se confondre et s'épurer dans le christianisme.

Là aussi, dans ces centres intellectuels, à Rennes, à Nantes, les études historiques ont une physionomie plus vive; on y livre des batailles d'érudition. Les écrivains bretons, avec leur opiniâtreté passée en proverbe, et leur franchise ardente, qui n'est pas moins remarquable quand ils traitent un point d'histoire contesté, prennent aussitôt les armes, attaquent et poussent devant eux, et frappent à coups redoublés tout historien coupable d'erreur, jusqu'à ce qu'il tombe abattu. Ainsi, à Rennes, M. Vert, M. de Kerdrel, qui a montré si clairement, si fortement, le véritable esprit de la *Réforme en Bretagne*, à l'occasion de l'*Histoire de la ligue en Bretagne*, par M. Grégoire; à Nantes, MM. Biré et Guéraud; à Vitré, M. de la Borderie. M. Biré s'est attaché à l'*Histoire de la Révolution* de M. Michelet, qui avait touché à la Bretagne et à la Vendée, et il a fait de ce livre, d'une main aussi ferme que sûre, une dissection qui ne laisse rien de côté : omissions, oublis volontaires, silence sur les atrocités des républicains, exagérations emportées ; il a montré à nu la faiblesse et la partialité de cet écrivain, naguère noblement inspiré, aujourd'hui troublé par le fanatisme, qui ne recherche pas la vérité, mais qui se passionne, qui ne raconte pas, mais qui plaide, qui ne peint pas, mais qui combat. M. Biré discute et écrit, comme on devrait toujours le faire, avec force, convenance, érudition et émotion.

M. Arm. Guéraud, correspondant du ministère pour les monuments historiques, est à la fois écrivain, antiquaire, libraire, imprimeur : intelligence vive, ouverte à tout, instruit en beaucoup de choses, il connaît très-bien sa province, hommes, livres, sol, monuments ; il a publié sur plusieurs parties de l'histoire de son pays des notices importantes, entre autres celle sur le *maréchal de Raiz*, le faux Barbe-Bleue de nos contes, où, les pièces du procès en main, il a rectifié les erreurs populaires et montré, telle qu'elle était réellement, cette dure, vigoureuse et violente figure, sorte de Claude Frollo laïc, mélange de vices affreux et de brillantes qualités, courage, science, passions sauvages et cruauté de damné. Nul historien ne pourra désormais se passer de consulter l'ouvrage de M. Guéraud. Un livre plus important encore est le recueil des *Chansons de la Bretagne et du Poitou* depuis les temps les plus reculés, recueil composé de plus de douze cents chansons, qui donne sur les mœurs, les usages, les coutumes et la langue des détails souvent négligés par les historiens, et singulièremeut propres à compléter la physionomie d'un peuple.

Mais le plus savant des historiens bretons est M. de la Borderie, ancien élève de l'École des chartes, que le gouvernement a chargé de dresser le catalogue raisonné des archives et des pièces historiques de l'ancienne chambre des comptes de Nantes. Outre un grand nombre de fragments sur les points les plus obscurs de l'histoire de la Bretagne, M. de la Borderie a écrit l'histoire de la *Conspiration de Pontcallec*, un des épisodes les plus dramatiques de la lutte que la Bretagne n'a cessé de soutenir contre l'ancienne monarchie pour le maintien de ses priviléges. On ne peut nier que ce récit ne soit fait dans un esprit de nationalité exclusif; mais un intérêt puissant s'attache à cette histoire, intérêt qui tient au talent original de l'auteur. Il n'a aucune prétention, il ne cherche pas les phrases à effet; on voit un homme préoccupé, avant tout, de montrer la vérité, et qui, la trouvant si contraire à ce que l'on a cru et écrit jusqu'ici, et si favorable à sa patrie, s'anime en vous la démontrant. Il est heureux et fier, comme il le dit quelque part, de publier des pièces si glorieuses pour son pays; il devient éloquent, et son émotion sincère gagne le lecteur; on partage son indignation ou sa pitié. Au milieu de ce récit net, ordonné, qui marche droit à son but et ne s'avance qu'à mesure que le terrain est bien affermi, le Breton se reconnaît : il a parfois des railleries et des sourires goguenards qui rappellent l'esprit gaulois, et pour lesquels il y a un mot gaulois aussi et expressif, le mot *gouailler*. Il est, de plus, doué à un éminent degré de la finesse bretonne, plus habile et plus déliée que la finesse normande si vantée. Il vous présente les choses d'une telle façon qu'il vous fait presque toujours conclure avec lui, et ce n'est que plus tard, en y refléchissant, que l'on s'étonne d'être allé si loin dans son sens. Il faut le dire : quelque étrange que puisse paraître une telle assertion au monde littéraire parisien, cette histoire de la *Conspiration de Pontcallec*, par M. de la Borderie, est supérieure à bien des œuvres publiées à Paris, signées de noms illustres et vantées comme des chefs-d'œuvre. On y trouve, à côté d'une érudition large et sûre, l'amour du sujet, l'agrément de la narration, la lucidité de la composition, la conscience de l'historien. Avec de telles qualités, M. de la Borderie n'a pas fait seulement ce que l'on nomme aujourd'hui si facilement et si vaguement un *beau livre*, il a fait un bon livre, un livre vrai, qui a épuisé le sujet et qu'on ne refera plus. On ne saurait mieux louer un historien.

II

L'Association bretonne.

Il est une institution qui distingue la Bretagne des autres provinces et où se réflète son génie, l'*Association bretonne*.

Dans ce pays couvert encore de landes et de terres incultes, et où il reste tant de ruines des anciens âges, des hommes intelligents ont compris que ces deux intérêts ne devaient pas être séparés, les progrès de l'agriculture et l'étude des monuments de l'histoire locale. Les comices agricoles ne s'occupent que des travaux d'agriculture, les sociétés savantes que de l'esprit; l'Association bretonne les a réunis : elle est à la fois une association agricole et une association littéraire. Aux expériences de l'agriculture, aux recherches archéologiques, elle donne de la suite et de l'unité; les efforts ne sont plus isolés, ils se font avec ensemble; l'Association bretonne continue, au XIXe siècle, l'œuvre des moines des premiers temps du christianisme dans la Gaule, qui défrichaient le sol et éclairaient les âmes.

Un appel a été fait dans les cinq départements de la Bretagne à tous ceux qui avaient à cœur les intérêts de leur patrie, aux écrivains et aux propriétaires, aux gentilshommes et aux simples paysans, et les adhésions sont arrivées de toutes parts. L'Association a deux moyens d'action : un *bulletin* mensuel, et un *congrès* annuel. Le bulletin rend compte des travaux des associés, des expériences, des essais, des découvertes scientifiques ; le congrès ouvre des concours, tient des séances publiques, distribue des prix et des récompenses. Afin de faciliter les réunions et d'en faire profiter tout le pays, le congrès se tient alternativement dans chaque département ; une année à Rennes, une autre à Saint-Brieuc, une autre fois à Vitré ou à Redon ; en 1858, il s'est réuni à Quimper.

A chaque congrès, des questions nouvelles sont agitées, discutées, éclaircies (1) : ces savants modestes qui consacrent leurs veilles à des recherches longues et pénibles, sont assurés que leurs travaux ne seront pas ignorés ; tant d'intelligences vives et distinguées, qui demeureraient oisives dans le calme des petites villes, voient devant elles un but à leurs efforts ; la publicité en est assurée, ils seront connus et appréciés. D'un bout de la province à l'autre, de Rennes à Brest, de Nantes à Saint-Malo, on se communique ses œuvres et ses plans ; tel antiquaire, à Saint-Brieuc, s'occupe des mêmes recherches qu'un autre à Quim-

____

(1) Voir l'*Appendice*.

per : il est un jour dans l'année où ils se retrouvent, où se resserrent les liens d'études et d'amitié.

Le congrès est un centre moral et intellectuel, bien plus, un centre national : ces congrès sont de véritables assises bretonnes ; ils remplacent les anciens États : on y voit réunis, comme aux États, les trois ordres, le clergé, la noblesse et le tiers-état, le tiers-état plus nombreux qu'avant la Révolution, et de plus, mêlés aux nobles et aux bourgeois, les paysans.

La Bretagne est une des provinces de France où les propriétaires vivent le plus sur leurs terres ; beaucoup y passent l'année tout entière. De là une communauté d'habitudes, un échange de services, des relations plus familières et plus intimes, qui n'ôtent rien au respect d'une part, à la dignité de l'autre. Propriétaires et fermiers, réunis au congrès, sont soumis aux mêmes conditions et jugés par les mêmes lois ; souvent le propriétaire concourt avec son fermier. Dans ces mêlées animées, où l'on se communique ses procédés, où l'on s'aide de ses conseils, où l'on distribue des prix et des encouragements, les riches propriétaires et les nobles traitent les paysans sur le pied de l'égalité ; ici, la supériorité est au plus habile : c'est un paysan, Guévenoux, qui, en 1857, eut les honneurs du congrès de Redon.

Voici quatorze ans que l'Association bretonne existe ; l'ardeur a toujours été en croissant ; les congrès sont devenus des solennités : on y vient de tous les points de la Bretagne. Le congrès s'ouvre par une messe du

Saint-Esprit, les autorités du pays le président, les prix sont décernés en grande pompe. Au concours des laboureurs, on voit souvent soixante charrues en ligne partir à la fois et ouvrir devant elles un long et droit sillon. Parmi les juges, on cite des membres de l'Institut, des savants couronnés par les académies, les plus beaux noms de la Bretagne, et ceux qui se sont jadis illustrés dans les guerres contre les Anglais, et ceux qui viennent de conquérir, en Afrique et en Crimée, une gloire nouvelle : le comte de Sesmaisons, le général Duchaussoy, le comte Caffarelli, MM. de la Villemarqué, de la Monneraye, etc. Les habitants des châteaux voisins, les dames de la ville, remplissent la vaste salle des séances, où se livrent des luttes qui sont quelquefois vives, car les Bretons tiennent fortement à leurs opinions, mais toujours courtoises. Les membres de l'Association se rendent à la distribution des prix en grand appareil, au milieu d'une population empressée comme pour une fête, au son des cloches, entre deux haies de troupes, à travers les rues de la ville, pavoisées du drapeau national breton, la bannière à hermines en tête. Voilà les fêtes qu'il faut au peuple et que le peuple aime : quand il assiste à ces solennités, où il se voit représenté par les plus nobles et les plus dignes, il se sent vivre et il se redresse avec un légitime orgueil, car il se rend la justice qu'il est encore capable de grandes choses.

Depuis que ces pages ont été écrites, l'Association bretonne a été dissoute : un zèle plus ardent qu'éclairé la représenta comme une réunion d'hommes qui, sous d'apparentes études d'histoire, cachaient des préoccupations moins désintéressées ; on craignit qu'elle ne devînt un foyer de passions et d'intrigues politiques. Ces craintes n'étaient pas fondées : l'Association bretonne se composait d'éléments divers, d'hommes appartenant à tous les partis, ses congrès se réunissaient avec le concours de l'autorité ; elle n'avait aucun des caractères des associations politiques, aucune des conditions des sociétés organisées pour conspirer. Quelle que soit d'ailleurs la réalité ou la vraisemblance des accusations qui ont amené sa suppression, on ne saurait trop regretter une association qui, pendant qu'elle a existé, a rendu tant de services à l'agriculture, à la science historique et archéologique, qui excitait dans cinq départements une émulation généreuse, donnait un but et un ensemble à leurs travaux, développait le goût des études sérieuses et tendait à former dans la province un de ces centres intellectuels qui, sans diminuer la force du cœur de la France, réveillent à ses extrémités le mouvement, la pensée et la vie.

III

Musées et collections.

Outre leurs bibliothèques et leurs musées, on trouve dans presque toutes les villes de Bretagne des collections particulières. Paris, grâce à Dieu, n'a pas absorbé tous les chefs-d'œuvre de l'art ; plusieurs causes, le loisir, l'aisance, les héritages, la destruction ou la vente des vieux châteaux, le goût, enfin, des curiosités de l'art que développe l'uniformité d'une vie calme et inactive, ont facilité la formation des collections en province. Ces collections sont précieuses en ce qu'elles ont presque toutes le caractère local, qu'elles complètent ou expliquent l'histoire du pays. Sans doute, on ne saurait les comparer aux grandes collections de Paris ; mais il est tel livre, telle œuvre d'art conservés dans le musée d'une petite ville qu'envierait le Louvre ou l'hôtel Cluny, et que l'on est pourtant heureux de n'y pas voir. Ces beaux fragments que l'on rencontre au milieu d'objets souvent médiocres, on les examine avec un soin plus attentif, on les apprécie mieux ; leur isolement même leur donne un intérêt de plus.

Ainsi, quel prix n'acquiert pas dans une ville de province le chef-d'œuvre d'un maître, comme la *Chasse au lion*, de Rubens, et le *Christ en croix*, de Jordaens, du musée de Rennes, ou la satisfaisante et dramatique toile de Sigalon, l'*Athalie*, du musée de Nantes, une des rares compositions originales de ce consciencieux artiste, à qui l'étude assidue de Michel-Ange avait révélé l'énergie de l'expression, l'ampleur de la composition, la grandeur du style? Le manuscrit de *saint Augustin*, de la bibliothèque de Nantes, serait-il autant goûté s'il était à Paris, tandis qu'il n'est pas un étranger à qui l'on ne montre ce charmant spécimen de l'art du xvᵉ siècle, dont les miniatures, du même style que les magnifiques manuscrits de la bibliothèque des ducs de Bourgogne, semblent avoir été peintes par la même main, avec la même naïveté, la même couleur brillante et durable, la même finesse d'exécution et le même sentiment religieux. Et, dans les collections particulières, qui ne remarquera avec une vive curiosité la serrure signée *Donatello*, du cabinet de M. Mauduyt, merveille d'art et d'industrie à la fois, travail aussi savant qu'ingénieux, où s'est jouée la fantaisie de l'artiste florentin, et les manuscrits autographes de Dom *Lobineau*, l'historien de la Bretagne, appartenant à M. de la Borderie, et le recueil des lettres de *Camille Desmoulins*, de la collection de M. le baron de Girardot, dans lesquelles se montre sous un jour inconnu, comme père, frère, époux, le fougueux et éloquent écrivain de la Révolution? Enfin, où seraient mieux placés que dans un musée breton, à Dinan, ces reliques essentiellement bretonnes, la giberne de *La Tour-d'Auvergne*, qui ne fut pas seulement le premier grenadier de France, mais aussi un des premiers savants de la Bretagne, et les pantoufles de la *reine Anne*, que les Bretons appellent toujours la *duchesse* Anne, et le casque de *du Guesclin*, le héros breton ?

Je n'indique ici que quelques-uns des plus rares trésors. Les musées et les cabinets des villes de Bretagne possèdent, d'ailleurs, une quantité d'objets curieux ou importants pour l'art et l'histoire. Le musée de Rennes, outre une collection de 600 dessins italiens légués, au siècle dernier, par M. de Robbien, et où l'on admire des croquis de *Rembrandt*, de *Michel-Ange* et du *Pérugin*, peut citer, après son Jordaens et son Rubens, plusieurs belles toiles : les *Noces de Cana*, attribuées à *Jean Cousin*, des *Casanova*, des *Paul Véronèse*, un *Tintoret*, un *Desportes*, et une scène de cour de *Clouet-Janet*, d'une touche aussi délicate que les tableaux de ce maître au Louvre. Le musée de Nantes est un des plus riches de province : outre plusieurs compositions de peintres anciens, il doit à la munificence de deux donateurs, M. Urvoy de Saint-Bédan et le duc de Feltre, une collection remarquable d'œuvres des peintres contemporains, *Ary Scheffer*, *Ziégler*, *Grenier*, *Vernet*, *Léopold Robert*, deux ou trois toiles du meilleur temps de *Brascassat*, les *Taureaux attaqués par les loups*, entre autres, que Paris a revus et admirés à l'Exposition universelle de 1855; une suite, enfin, de. dessins. de *Paul Delaroche*,. où l'on peut voir avec quelle gravité et. quelle. profondeur de pensée le consciencieux artiste étudiait ses sujets, et comment il parvenait à unir les qualités les plus diverses, la précision du dessin, la vivacité de. l'expression et la vérité des caractères..

Les collections archéologiques ont été, on le conçoit, plus faciles à former; le goût et. l'étude des antiquités poussait à recueillir de tous côtés les objets qui présentaient quelque intérêt historique ou artistique.. Ici, les particuliers ont rivalisé avec les villes qui,. presque toutes, ont fondé des musées archéologiques. Celui de Vannes se distingue par une collection d'armes celtiques trouvées dans le pays; le musée archéologique de Nantes, par des débris d'anciens monuments. de la ville ou des antiquités locales, des sculptures de l'ancienne église de *Saint-Nicolas*,. des tombeaux carlovingiens de *Rezé*, des chapiteaux. mérovingiens de. *Vertou*, des bas-reliefs gallo-romains., provenant du *Bouffay*, des fragments de l'église de *Saint-Félix*, qui remontent au vi[e] siècle·, etc. Quant aux cabinets particuliers, on peut à peine mentionner les principaux: à Rennes, celui de M. *Aussant*, qui a rassemblé une quantité d'objets d'art et d'antiquités; à Fontenay, la savante collection de médailles de M. *B. Fillon;* à Nantes, la bibliothèque de M. *Dobrée*, riche en incunables et en livres rares, la collection d'autographes de M. *Lajarriette*, qui vient d'être vendue, celle de gravures de M. *Antime Ménard;* les tableaux de Madame *Barbier*, et les cabinets déjà cités de MM. Mauduyt et de Girardot. A Vitré, M. de la Borderie, qui est archiviste paléographe, a pris pour spécialité de recueillir les manuscrits relatifs à l'histoire de Bretagne, entre lesquels on doit signaler des papiers importants du prieur *Audren de Kerdrel* et d'*Albert le Grand*. Le cabinet de M. le docteur Mauduyt est des plus variés : monnaies bretonnes, armes de tous les pays, antiquités égyptiennes, objets d'art ; le tout catalogué et classé avec autant d'érudition que de goût. M. le baron de Girardot possède d'importants documents sur la Révolution et l'émigration , plusieurs lettres des rois de France ; et, pièce inestimable, une très-éloquente lettre du maréchal de la Châtre à Henri III, datée de 1579, où il refuse d'exécuter les ordres du roi, qui lui commandait de massacrer les protestants dans sa province. Cette lettre, d'une irrécusable authenticité, prouve que le noble gouverneur d'Orthez eut des imitateurs, et qu'au temps même des luttes les plus passionnées, il se trouva des âmes généreuses, animées de sentiments vraiment français, et qui avaient conservé le respect de la vie humaine ; l'histoire devra désormais citer le maréchal de la Châtre : lui aussi, sans l'avoir cherché et y avoir pensé, a droit à un renom immortel.

Le muséum d'histoire naturelle de Nantes a une spécialité : une collection de minéraux du département, qui en détermine les couches géologiques, et une longue suite de coquilles et de plantes marines recueillies par les capitaines de navires dans toutes les mers du globe. Mais le cabinet du conservateur du muséum, M. Caillaud, est peut-être plus curieux encore : de son voyage en Égypte, il a rapporté une foule d'objets, propres surtout aux usages domestiques, qui mettent, pour ainsi dire, sous les yeux, les mœurs de l'antique Thèbes, depuis les oreillers de pierre en croissant, sur lesquels on pouvait s'appuyer et dormir sans avoir chaud, jusqu'aux chats et crocodiles embaumés, depuis les souliers encore couverts de la boue du Nil, une boue de trois mille ans, jusqu'aux chaussettes et aux chemises de lin, dont la forme ne diffère guère des nôtres, depuis les fausses tresses et les perruques des dames égyptiennes jusqu'aux boîtes contenant le fard dont elles peignaient leur visage.

Enfin, il n'est pas jusqu'aux châteaux, où l'on ne rencontre de rares collections amassées par d'anciennes et opulentes familles, et qui sont ouvertes aux visiteurs comme ces galeries des palais de l'Italie, dont les maîtres sont moins les propriétaires que les gardiens ; et, parmi ces châteaux, en première ligne, le château de la Seilleraie, près de Nantes, où, au milieu d'une multitude d'objets d'art précieux, de statues de marbre, de curiosités venues de tous les pays, sont réunis dans une vaste salle plus de trois cents portraits des xviie et xviiie siècles ; véritable musée français, galerie de grands hommes et de femmes célèbres dont s'est entourée, ainsi que d'une garde de glorieux ancêtres, une des plus nobles et des plus illustres familles de Bretagne, les Bec-de-Lièvre.

Ces musées, ces collections, partout répandues, ont bien plus de prix en province qu'à Paris. En province, où l'esprit se laisse facilement aller à la paresse, s'amollit et s'abat, où il n'est pas réveillé par cette production continue d'œuvres de la pensée qui, sans cesse, tient Paris debout, on a besoin de secousses intellectuelles, et ces secousses, précisément, parce qu'elles sont plus rares, ont une action plus vive et plus profonde : la vue de ces chefs-d'œuvre, rencontrés çà et là à de longs intervalles, est comme l'éclair qui découvre tout à coup un pan de ciel bleu, fait entrevoir au-dessus de la vie matérielle l'atmosphère des nobles pensées, et ramène dans les âmes le culte sacré du beau.

IV

Société académique de Nantes. — Poëtes et romanciers.

Nantes a tous les caractères de la grande ville moderne : son port, où des milliers de navires débarquent les produits de l'Amérique et des Indes ; sa Bourse active, ses fabriques et ses usines bruyantes, aux hautes cheminées d'où s'échappe une noire fumée ; les magasins et les cafés de ses rues neuves, resplendissants de glaces et de dorures, comme à Paris ; et, dans les vieux quartiers, les boutiques sombres encombrées de ballots, de cafés, de sucres, des denrées de tous les pays du monde ; son chemin de fer qui traverse la cité de part en part, le long de son beau fleuve, à vingt pas des navires, et emporte et rapporte incessamment, au vol de ses chevaux de feu, les lourds wagons de Paris à Nantes, de Nantes à Saint-Nazaire, reliant d'un double sillon la capitale à la mer ; ses courses, ses théâtres, et ce mouvement, enfin, condition et marque distinctive de notre âge, violent, fiévreux, qui précipite les revirements de fortune, et qui, pour arriver plus vite, a trouvé des ressources nouvelles, la vapeur, l'électricité, la lumière du soleil, prompts comme nos désirs impatients.

Mais Nantes n'est pas uniquement une ville de commerce et d'industrie, préoccupée de vendre des épices, de raffiner du sucre ou d'armer des navires : les lettres, les arts, les sciences y sont cultivés avec zèle, ardeur, et, ce qui est plus rare, avec désintéressement.

Elle n'est pas, comme Rennes, le siége d'une faculté des lettres et d'une école de droit ; mais le gouvernement a reconnu que cette grande cité a une importance exceptionnelle, et il y a fondé une *École préparatoire* des sciences et des arts, sorte d'annexe aux Facultés, qui distribue un enseignement moins élevé que les Facultés, supérieur aux lycées, qui convient surtout à une ville riche et commerçante, et où les jeunes gens peuvent continuer leurs études littéraires et se maintenir au niveau du progrès des sciences. Ajoutez que Nantes possède une *École industrielle*, une *École chorale*, un *Cercle des beaux-arts*, à la fois école de dessin et galerie permanente d'exposition des ouvrages des artistes nantais, une *École secondaire de médecine*, une *Revue*, une *Société académique*, et de riches et beaux établissements scientifiques, muséum, musée, bibliothèque, etc. ; que les arts, la musique, la peinture, la sculpture y sont cultivés, non par des amateurs, mais par des artistes dignes d'être partout estimés et distingués, et qui continuent cette noble suite de peintres provinciaux dont M. de Chenevières a fait connaître la vie ignorée et les œuvres souvent admirables (1) : M. Charles Leroux, peintre de paysages, qui copie la nature bretonne avec amour et grandeur ; M. de Wismes, auteur de ces grands ouvrages pittoresques, la *Vendée*, le *Maine* et l'*Anjou*, aujourd'hui connus et répandus dans toute la France ; M. Bournichon, M. Dandiran, toute une école d'habiles sculpteurs en bois ; des statuaires surtout d'un talent éminent, Suc, grand artiste, mort il y a peu de temps, et M. Amédée Mesnard, son émule, plein d'imagination, de verve et de pensée, à qui a été confiée l'exécution de la statue équestre de Gradlon, placée sur le portail de la cathédrale de Quimper, auteur d'une quantité d'œuvres populaires en Bretagne, entre autres, du fronton de Notre-Dame de Bon Port, composition de quatorze figures colossales, et de cette poétique statue de *sainte Anne*, qui, du haut d'un rocher, à l'entrée du port de Nantes, domine la ville et le cours du fleuve, et semble suivre et protéger les vaisseaux descendant à la mer !

Nantes n'est pas seulement la capitale de la Bretagne par son étendue et sa population ; le nombre et l'importance des œuvres de l'esprit en font le centre d'un grand mouvement intellectuel.

La Société académique de Nantes est connue depuis longtemps par des travaux sérieux qu'elle publie dans

_____

(1) *Peintres Provinciaux de l'ancienne France*, 3 vol. in-8°.

12.

un Bulletin mensuel, et elle compte plusieurs hommes
d'un mérite distingué : M. l'abbé Fournier, curé de
Saint-Nicolas, ancien représentant à l'Assemblée cons-
tituante, dont tout à l'heure on dira l'œuvre capitale;
M. le baron de Girardot, secrétaire général de la pré-
fecture, qui, mettant à profit un long séjour à Paris, la
fréquentation des hommes éminents et le goût des
études historiques, avec un zèle actif, une érudition
vaste et variée, a entrepris des études sérieuses sur
la Révolution, et à qui l'on doit un savant livre, *les Ad-
ministrations départementales de 1790 à l'an VIII*, où
l'expérience de l'administrateur a heureusement aidé
l'historien; M. Guéraud, M. Fillon, que nous avons déjà
cités; M. Dugat-Matifeux, ardent investigateur des faits
peu connus de l'Histoire de l'Ouest, qui a publié une
Étude sur l'historien Travers; des savants, M. le docteur Guépin, qui s'occupe d'études d'oculistique; M. Ro-
bière, de chimie; M. Huette, de curieuses observations
de météorologie; M. le docteur Foullon, antiquaire et
collectionneur, qui a traité de l'*Organisation de la médecine* au point de vue des services publics, etc.

Mais le premier de tous est un savant illustre, qui
n'appartient pas seulement à la Bretagne, mais à la
France, le célèbre voyageur en Égypte, M. Caillaud.
Doué de l'esprit le plus sagace et le plus pénétrant, il a
fait en histoire naturelle plusieurs découvertes, une
surtout, des plus intéressantes, pour laquelle la Hollande lui a décerné, il y a peu d'années, un prix extraordinaire, la découverte du *procédé de perforation des*

pholades. On avait jusqu'alors cru que les pholades, petits mollusques très-communs sur les côtes de Bretagne, employaient, pour percer le dur granit où elles vivent, un acide qu'elles distillaient à travers les valves de leur coquille. M. Caillaud eut des doutes à ce sujet : il recueillit, près du Pouliguen, des pholades attachées à des morceaux de roc (gneiss), les plaça dans un bocal d'eau de mer incessamment renouvelée, et attendit l'effet de leur travail. Huit jours, quinze jours se passèrent sans que les pholades donnassent signe de vie, lorsqu'une nuit il fut éveillé par un bruit de scie qui retentissait dans le bocal ; il se lève, et, à la lueur d'une lampe, il voit un des petits animaux se tournant et se retournant à droite et à gauche, avec un mouvement régulier, à la manière d'une vrille qui perce un trou ; puis, après un certain temps, la pholade s'arrête, et un jet de poussière fine obscurcit l'eau du bocal ; c'était le résidu de son travail, la partie du roc pulvérisé où elle avait pénétré, dont elle se débarrassait et qu'elle chassait au dehors. Et tour à tour le savant, attentif et charmé, surprend une à une les pholades accomplissant leur patient ouvrage, et se creusant leur demeure, l'arrondissant et la polissant, comme avec la râpe la plus délicate, sans autre instrument que leur coquille ; et cette coquille, au lieu de se détériorer par le frottement continu, se développe à mesure que le travail avance ; à la scie qui s'use une autre scie s'ajoute, puis une troisième, une quatrième, et ainsi de suite jusqu'à *quarante*, que M. Caillaud a comptées, et avec lesquelles le petit animal, à force de tourner et retourner sa frêle enveloppe, cette coquille que la pression d'un doigt d'enfant suffirait à briser, perce à jour le granit sur lequel s'émousse un ciseau de fer! phénomène admirable qui confond la sagesse humaine, et qui est un de ces millions de miracles naturels que Dieu nous fait voir constamment dans la création!

Il se publiait, il y a peu de temps encore, deux revues à Nantes : la *Revue des provinces de l'Ouest*, dirigée par M. Guéraud, avait choisi une spécialité précieuse, les documents inédits ou relatifs à l'histoire de la Bretagne, que d'actifs et intelligents archéologues, MM. Guéraud, Fillon, Marchegay, Duchâtellier, tiraient des archives départementales, épiscopales et municipales et des collections particulières, complétant ainsi, pour la province de Bretagne, la savante *Bibliothèque de l'École des chartes* ; de plus un Bulletin bibliographique indiquait tous les ouvrages imprimés en Bretagne ou concernant les départements de l'ouest, ou qui ont pour auteurs des Bretons et des Poitevins. Cette revue n'existe plus.

La *Revue de Bretagne et de Vendée* a été fondée par M. de la Borderie, qui a réuni autour de lui les hommes les plus distingués de la province. Là on retrouve plusieurs des écrivains bretons qui ont acquis à Paris une juste réputation par de grands travaux : MM. de Carné, de Courson, de la Gournerie, de Courcy, de la Villemarqué, etc.; à côté d'eux, de jeunes hommes d'un talent déjà mûr, et qui seraient estimés sur un plus grand théâtre : M. Alf. Giraud, ancien élève de l'École des chartes, auteur de notices sur Tiraqueau, Brisson, etc., écrites d'un style tour à tour coloré de poésie et aiguisé d'une pointe de raillerie gauloise; M. de Rochebrune, qui cultive et juge les arts avec goût et intelligence ; M. Ropartz, dont l'Académie des inscriptions a distingué récemment les Études historiques; puis de vrais Bretons qui parlent et écrivent la langue de leurs pères, le breton : M. le Joubioux, M. Luzel, M. l'abbé Guillome, mort il y a deux ans à peine, et dont ses compatriotes ont dit que : « c'était le plus grand poëte qui ait écrit en langue celtique. » Car elle produit encore des fleurs de poésie celtique, cette vieille terre armoricaine, des poésies d'une saveur franche et d'un caractère original, nées du souffle des événements contemporains ou inspirées par le sentiment de la nature. La nature, les Bretons l'ont de tout temps vivement et profondément sentie, bien avant J.-J. Rousseau et Bernardin de Saint-Pierre; les poëtes n'ont jamais manqué en Bretagne, et les plus beaux chants, les plus populaires, sont dus à des paysans, à des pâtres, à des cloarecs, à de jeunes filles. Ce ne sont pas des paysans ordinaires, ces Bretons aux costumes pittoresques, qui parlent la langue nationale, qui ont gardé les mœurs antiques, et dont la vie se passe parmi les monuments des druides et les manoirs consacrés par la légende, dans les vastes landes couvertes de genêts et la solitude des grands espaces, ou en face de la mer, sur les âpres côtes aux rocs de granit. Autour d'eux il y a comme une atmosphère qui les transforme et les idéalise ; on les trouve poétiques, et ils sont naturellement poëtes (1).

Tous les poëtes bretons qui se sont fait un nom dans la littérature contemporaine, MM. Ach. du Clésieux, H. Violeau, de Francheville et Brizeux, le barde breton par excellence, sont animés du même génie, s'inspirent des mêmes sentiments : la foi, la religion du foyer, le culte de la famille, l'amour du pays ; tous connaissent cette passion de mélancolie, amante de l'infini, que Chateaubriand avait comme sucée au sein de la mère patrie, et qui lui donnait un si imposant caractère de gravité, enfin cette rêverie naïve et touchante qui valut à l'un d'eux, Raymond du Doré, l'hommage le plus délicat et le plus rare : il avait publié, il y a vingt ans, sans le signer, un volume de poésies ; un jour, dans une ville du Nord, quelqu'un, une âme aimante sans doute, en rencontra un exemplaire, et il fut si ému par cette poésie douce et tendre, qu'il voulut faire partager à d'autres le charme qu'il avait ressenti ; il le fit imprimer de nouveau, et, ne sachant quel nom y inscrire, il lui donna le gracieux titre de *Fleurs inconnues.*

Ce sont aussi ces qualités qui font l'attrait des vers de poëtes plus jeunes qui chantent aujourd'hui , M. Émile Grimaud , M. Stéphane Halgan , mademoi-

______
(1) Voir l'*Appendice.*

selle Élisa Morin, M. le comte de Saint-Jean, et un
conteur qui, lui aussi, est poëte en prose, Jules d'Herbauge. Les *Récits et nouvelles* de Jules d'Herbauge
(sous ce nom se cache une femme qui porte un nom
illustre, madame la comtesse de ....), ont été publiés en partie par la *Revue des Deux-Mondes,* et les
juges les plus difficiles y reconnurent aussitôt un talent vraiment supérieur : une exposition simple faite
avec un calme sûr de soi, force que possèdent seuls
les maîtres ; ils partent d'un pas mesuré, comme des
gens qui savent quelle route ils ont entreprise et comment ils la doivent finir ; les caractères se dessinant,
l'action se nouant en peu de mots, sans réflexions par
les faits mêmes ; peu de dialogue, — le dialogue n'est
souvent qu'un moyen de cacher l'embarras du roman-
cier, qui n'est pas maître de son sujet ; lorsque les
caractères sont bien tracés, il n'est pas besoin de
tant de paroles ; aussi peut-on remarquer que les
conteurs de notre temps qui excellent dans le dialogue ne dessinent pas de caractères ; — un puissant
intérêt dramatique, naissant du développement des
passions, qui vous émeut, vous attache et vous entraîne, parce que l'auteur est lui-même ému des événements qu'il voit et qu'il met sous les yeux ; l'impar-
tialité dans la peinture des mœurs, une intelligence
enfin des sentiments les plus divers. Deux nouvelles bretonnes, *la Jaguerre* et *la Grande Perrière,*
rappellent par la terreur, le fantastique et la vérité,
les beaux récits de Walter Scott ; dans d'autres, la fi-

nesse d'observation et une singulière connaissance des ruses féminines décèlent la main d'une femme.

Le comte de Saint-Jean, pseudonyme d'une autre femme qui a donné deux recueils remarquables par une verve poétique peu commune, et mademoiselle Elisa Morin, dont les vers sont sincèrement émus et souvent passionnés, continuent la pléïade de femmes poëtes auxquelles la ville de Nantes a donné naissance : mesdames Dufresnoy, la princesse C. de Salm-Dyck, Mélanie Waldor et Elisa Mercœur.

M. Stéphane Halgan a publié un volume de poésies, intitulé *Souvenirs bretons,* où l'on reconnaît deux manières, l'imitation de MM. Hugo et de Musset, avec une certaine habileté dans la facture du vers ; puis, et c'est la meilleure partie, les poésies vraiment bretonnes ; car il faut remarquer que les pièces imitées sont des sujets vagues, étrangers à la Bretagne, et qui pourraient aussi bien être écrites à Paris qu'à Nantes ou à Rennes ; mais quand M. Halgan traite un sujet breton, le poëte redevient lui-même ; il s'émeut, il se complaît à ce qu'il voit et raconte. On diraitqu'il passe encore sa langue sur ses lèvres, quand il peint le souper de crêpes (1). Voyez avec quelle netteté et quel tour pittoresque il décrit le brillant costume de Loc-Tudy (*le retour du Pardon*) ; il parcourt la plaine nue qui s'étend de Guérande au bourg de Batz, semée de mulons de sel et coupée de marais salants, et, en quelques traits, il

____

1 Voir l'*Appendice.*

en rend la tristesse et la sauvage grandeur, de même
qu'il dessine fièrement la robuste population des paludiers du Croisic :

> .... C'est un beau peuple, un peuple jeune et mâle,
> A la taille élancée et svelte, aux yeux altiers,
> Aux cheveux longs et noirs, au teint blanc sous le hâle (1).

M. Stéph. Halgan est déjà un poëte breton, et plus il
avancera, plus il deviendra Breton. M. Em. Grimaud
n'a plus à se former, c'est le poëte national, qui cherche et qui trouve ses impressions dans l'histoire, dans
le sol de son pays, la Vendée. Il avait commencé aussi,
comme bien des jeunes poëtes, par l'imitation. Son
premier volume, les *Fleurs de Vendée,* contient plusieurs pièces où l'on retrouve le faire, la coupe, les
idées mêmes des poëtes de l'école romantique ; mais
le caractère original n'a pas tardé à se déceler. Il a en
lui deux sources pures et profondes : le sentiment de
la nature et l'amour de son pays ; il sent les harmonies
de la campagne ; il erre le matin dans les champs, en
écoutant d'une oreille attentive et charmée la berge-
ronnette et la fauvette qui *lui dit ses plus belles chansons*, le merle sifflant dans le buisson ; il erre dans les
bois en rêveur, avec cette mélancolie propre au Vendéen ; ou bien savourant l'haleine du Bocage aux premiers jours de mai, le long des chemins couverts, il

(1) Voir l'*Appendice.*

découvre les gracieux et frais mystères des hôtes du printemps (1).

Son pays, sa noble Vendée, il ne l'aime pas simplement, il la respecte, il l'admire, et il la chante comme un fils pieux; il recueille ses traditions et ses légendes, mais non pas à la façon des chroniqueurs froids et sceptiques; il les redit en sa poétique langue, avec l'accent et l'émotion de l'enfant qui croit, qui s'étonne, et qui frémit à ce qu'il raconte; il a la foi ardente et fière de ses pères :

Insultez-les, s'écrie-t-il, en parlant des vieux Vendéens !

> Insultez-les, ô juifs, fils des anciens maudits !
> Ils vont où vous n'irez jamais, en paradis !

La Pêche maudite est une terrible histoire; elle a pour refrain :

> Il ne faut pas pêcher le jour des morts !

Une seule chaloupe part; elle est montée par un pêcheur impie qui a fait le tour du monde, un sceptique qui ne croit plus à rien :

> Il n'a plus peur même des revenants !

Les poissons par milliers entourent sa barque; il jette le filet, mais tout à coup le poisson fuit comme par enchantement, et qu'amène-t-il? *Une tête de mort !*

(1) Voir l'*Appendice.*

Quand, à la fin de son premier recueil, le poëte s'écrie :

> Qui te célébrera, Vendée, ô ma patrie?
> Quelle muse dira ta gloire et tes malheurs,
> O terre de géants et de genêts en fleurs?

on voyait bien qu'il sentait en lui une force qui le poussait, et qu'un jour il serait lui-même ce poëte vendéen.

Il l'a été, il l'est : dans *les Vendéens*, il a peint les sublimes actions de cette guerre héroïque et douloureuse, et alors l'enthousiasme l'emporte sur ses ailes : le poëte est presque un soldat, il y a en lui quelque chose de contenu, comme un sauvage désir de parcourir la lande le fusil à la main. Il n'admire pas seulement Bonchamp, Lescure, Cathelineau, Charette, la Rochejaquelein, les héros avec lesquels il marche à la bataille, au supplice, à la mort; il les aime et les fait aimer.

V

Monuments.

Ce pays de foi n'a pas changé : nulle part on ne construit un plus grand nombre d'églises, et de belles églises. Il en a été en Bretagne comme à Athènes : Athènes était peuplée de plus de quatre mille statues ; le goût y devint général, le sentiment du beau, pour ainsi dire, naturel. En Bretagne, toutes les églises sont jolies ; la vue d'œuvres excellentes y a conservé plus qu'ailleurs la pureté du goût ; à part Brest, ville nouvelle (elle n'a pas plus de deux cents ans), où les églises sont d'un style bâtard, sans caractère et sans grandeur, toutes les constructions récentes ont été conçues dans le style *gothique*, qui ne devrait pas s'appeler autrement que le style *catholique*.

Du nord au midi, partout s'élèvent des chapelles, des basiliques, des cathédrales : à Lorient, à Saint-Brieuc, à Quimper, à Dinan, à Nantes. Saint-Brieuc, en même temps qu'il restaure son église de Saint-Guillaume, construit l'élégante chapelle de Notre-Dame de l'Espérance, imitation du XIIIᵉ siècle. A ses portes, le fondateur de la colonie de Saint-Ilan, M. Ach. du Clésieux, a posé, au bord de la mer, une jolie chapelle, ornée de sculptures exécutées par un statuaire du pays, M. Ogé, et dont le blanc clocher, hardi, élancé, découpé à jour, se détache sur le fond du ciel et guide au loin les matelots qui longent la côte armoricaine. A Nantes, il n'y a pas moins de dix églises en voie d'exécution : d'abord, la cathédrale, *Saint-Pierre*, dont l'achèvement a été résolu il y a peu d'années, et il ne s'agit pas seulement d'ajouter quelques parties peu importantes au vaste édifice, mais d'en doubler presque l'étendue; quand elle sera achevée, ce sera le dôme de Cologne de la Bretagne; puis la *Madeleine*, l'église des *Jésuites*, la chapelle du *petit séminaire*, *Saint-Clément*, les *Minimes*, *Notre-Dame de Bon Port*, le *grand séminaire*, *Notre-Dame de Toute Joie*, etc.

Et chacune de ces églises est remarquable par quelque détail caractéristique. Ici, à la Madeleine, c'est un baldaquin curieusement colorié, comme on en voit dans quelques villes du midi de la France et de l'Italie; là, à Notre-Dame de la Salette, une chaire en pierre d'un bel et harmonieux effet; à la maison des Minimes, occupée par la congrégation des missionnaires diocésains, une serrurerie artistique, de riches verrières exécutées par un Nantais, M. Échappé; des tableaux décoratifs en émail, de Devers, qui, par la propriété qu'ils ont de résister à l'action de l'air, conviennent si bien à orner les portiques et les galeries à

jour; la cour du grand séminaire a été entourée par
M. Nau, architecte de la cathédrale, d'un noble et sévère cloître roman, etc. Ailleurs, c'est un trait de
mœurs : entrez à Saint-Clément, qu'a construit dans
le style du xiii⁰ siècle M. Liberge; au fond du chœur,
encore inachevé, vous verrez une petite statue de la
Vierge que les ouvriers y ont placée, avec cette inscription naïve, inspirée par une vraie foi bretonne :

SOUS LA PROTECTION DE MARIE

TOUT GRANDIT.

Le culte de la sainte Vierge est d'ailleurs si populaire en Bretagne, que même les habitations particulières se sont mises sous sa garde. En sortant de
Saint-Clément, on s'arrête devant l'hôtel Briant-Des-
marets, élégant logis imité du xv⁰ siècle, avec porche
largement ouvert, cheminées en spirales, pinacles
finement fouillés, ogives et clefs de voûtes ciselées,
fenêtres à croisées et à meneaux, goules, guivres et
tarasques allongeant le cou sous le toit, girouettes fantastiques, toute la brillante et coquette ornementation
du gothique le plus fleuri ; au milieu de la façade, sous
un dais à jour, suspendu en l'air comme une couronne,
apparaît debout la Vierge souriant d'un sourire qui
bénit, et à qui l'on dirait que ce palais est consacré.

A Quimper, les tours de la cathédrale étaient décou-
ronnées de leurs hautes flèches ; l'évêque a eu l'idée
de faire appel à la piété des fidèles ; il a demandé à

chacun un sou; personne dans le diocèse, même les plus pauvres, ne s'est abstenu; les riches, au lieu d'un sou, ont donné cent francs, et au bout de peu d'années, le double clocher s'est dressé au-dessus de la ville de saint Corentin.

C'est le moyen âge, dira-t-on: oui, c'est le moyen âge, et il n'y a pas que ce trait. Vous venez de voir les fidèles concourir de leur bourse à l'œuvre; en plus d'un lieu, les ouvriers donnent par semaine une journée de leur travail; d'autres renouvellent des arts presque perdus; un maçon de Tréguier, Hernot, taille dans le granit ces grands calvaires compliqués, tels qu'en exécutaient les imagiers du XVe siècle, où trente, quarante personnages représentent les scènes de la Passion avec une vivacité d'expression et un mouvement animé qui vous saisit et vous émeut. Un autre ouvrier de Rennes, Hérault, sculpte des chaires en bois d'une ornementation aussi délicate et aussi finie que les belles boiseries de la cathédrale de Saint-Brieuc, qui furent sculptées aussi au XVIIe siècle par un paysan. Enfin, pour compléter la ressemblance, l'architecte de ces églises souvent est un prêtre. L'église des Eudistes, à Redon, a été bâtie sur les plans de M. l'abbé Brune; la chapelle des jésuites, à Nantes, par un père de la compagnie, le P. Tournesac; Notre-Dame de la Salette, par M. l'abbé Rousteau; et les églises construites par ces ecclésiastiques ne le cèdent à celles des architectes spéciaux ni en science, ni en goût, ni en harmonie. Le génie du XIIIe siècle s'est réveillé avec l'ardeur religieuse, et s'est posé, comme jadis, sur la tête d'humbles prêtres et de pauvres paysans.

« Les antiquaires ne comptent-ils pas parmi les ecclésiastiques sur tous les points de la France, des collaborateurs et des amis ? a dit un vénérable prélat (1). L'amour de la science n'est-il pas une partie de l'héritage ecclésiastique ? L'histoire l'atteste : c'est aux évêques et aux moines que l'art gothique est redevable de ses vrais chefs-d'œuvre et de ses plus incontestables grandeurs. » L'église Saint-Nicolas, de Nantes, en est une preuve nouvelle ; on peut dire qu'elle est l'œuvre de deux hommes supérieurs, l'architecte, M. Lassus, et le curé de Saint-Nicolas, M. l'abbé Fournier. M. Lassus, mort il y a peu de temps, était, avec M. Viollet-Leduc, l'architecte de notre époque qui connaissait le mieux l'art du moyen âge ; il appartenait à cette école qui, il y a trente ans, en face des formes grecques et romaines que l'on s'obstinait à imposer indifféremment aux églises, aux casernes et aux palais, proclama l'excellence de l'architecture gothique, son caractère national, sa convenance avec notre climat, son appropriation au culte catholique. La restauration savante de Notre-Dame et de la Sainte-Chapelle avait déjà témoigné de l'étendue de son érudition et de la sûreté de son goût. Il lui a été donné de produire deux œuvres

____

(1) Mgr George, évêque de Périgueux, au Congrès archéologique de 1858.

complètes : l'église de Belleville et Saint-Nicolas de Nantes, considérés aujourd'hui comme les reproductions les plus exactes, les plus correctes et les plus élégantes du XIIIe siècle. A Nantes, il eut le bonheur d'être secondé par le curé, M. l'abbé Fournier, un de ces hommes qui, quel que soit le milieu où ils se trouvent, savent donner le branle, le mouvement et la vie : activité qui ne se lasse pas, ardeur toujours prête, intelligence rapide, connaissances variées et étendues, amour du beau, M. l'abbé Fournier avait tout ce qu'il fallait pour concevoir, entreprendre et mener à fin une œuvre aussi considérable. Pas de difficulté qui le rebutât : le gouvernement ne pouvait donner qu'une subvention insuffisante, il prévit quelles sommes énormes coûterait son église : il n'hésita pas, il se mit à l'ouvrage, comptant sur la foi et la charité de ses paroissiens, et elles ne lui ont pas manqué. L'architecte et le curé s'entendaient ; ils avaient tous deux rêvé une église modèle, rien ne fut négligé : ornementation extérieure, sculpture délicate, vitraux, statues, peintures murales, le pavé même, fait en labyrinthe, comme dans les anciennes églises, ils ont voulu avoir tout ce qui reproduisait le caractère et la physionomie des basiliques du temps de saint Louis. L'architecte ne comptait pas avec le temps, le curé avec l'argent ; l'architecte cherchait en tout la perfection ; pas un détail qui ne lui coûtât des recherches ; il feuilletait les manuscrits du moyen âge pour une serrure comme pour un balustre ; le curé, quoique désireux de jouir

13.

de son église, comprenait pourtant ces scrupules du savant; il l'aidait et le soutenait de ses conseils et de son goût. En moins de huit années le monument était construit et livré au culte; il ne reste plus que les clochers à élever et quelques ornements à finir. Saint-Nicolas de Nantes aura coûté des millions; l'architecte et le curé auront attaché leur nom à cette grande œuvre; l'un était la pensée, l'autre le bras; tous deux, comme au moyen âge, on les représentera s'agenouillant devant le trône de Dieu, avec une église dans la main.

CONCLUSION.

Telle est en Bretagne l'activité des travaux de l'intelligence, une activité générale et féconde, et ce que nous avons dit de la Bretagne, on le peut dire des autres provinces de la France. Le vulgaire parfois, en voyant des hommes raisonnables s'éprendre de l'étude des antiquités, sourit de dédain. Un archéologue trouve une poterie romaine, une médaille presque fruste, le voilà absorbé : à quoi bon? — A quoi? — compléter une collection. — A quoi bon la collection?— A fixer une époque indécise de l'histoire, à mieux connaître les hommes, les mœurs, les usages, la marche des civilisations disparues, pour développer et faire progresser la nôtre, conformément à cet instinct de perfectionnement indéfini et à ce sentiment de grandeur inconnue que Dieu a mis dans le cœur de l'homme.

Sans doute, tous ces travaux n'ont pas la même valeur; mais tous sont utiles et serviront un jour. L'histoire, disait Pline le Jeune, de quelque manière qu'elle soit écrite, fait plaisir. Il y a plus : il ne faut pas voir dans les études locales des savants de province le travail isolé, mais le but, non la notice parfois sèche, décolorée et froide, mais le résultat qu'ignore peut-être son auteur. Il existe des auteurs mal récompensés de leurs utiles et rudes travaux, et que l'Anglais Johnson appelle les *pionniers de la littérature.* Les archéologues sont les pionniers de l'histoire, laborieuse avant-garde qui défriche et nettoie le sol, semblable à ces colons de l'Amérique qui s'avancent à travers les forêts et les immenses prairies, ouvrant de larges éclaircies, et sillonnant du soc de leurs charrues le terrrain où bientôt s'élèveront les grandes cités. Ces collections, ces recherches minutieuses, les systèmes qu'elles enfantent, ces documents, trésors cachés et tirés, pour ainsi dire, de fouilles souterraines, ce sont les matériaux de l'histoire, emmagasinés, rangés, étiquetés. L'historien, plus tard, viendra faire sa ronde, et choisira et emportera les morceaux qui conviennent au grand édifice qu'il conçoit; ce sont là les éléments d'une véritable et nationale histoire de France, qu'on écrira un jour en dix volumes, et qui, en attendant, se rassemble en mille.

On ne peut, sans émotion, contempler ce grand

mouvement qui se fait par toute la France et qui s'applique aux monuments et aux antiquités de notre histoire. La société nouvelle, si ardente et si pressée d'agir, rencontre à chaque pas des restes de l'ancienne, et se hâte de les recueillir et d'en marquer le caractère. C'est une maison qui croule ; tout va s'effondrer ; on met de côté, on ramasse, on classe les objets les plus précieux ou les mieux conservés ; la jeune société va d'un autre côté, et elle ne veut pas que les os de ses ancêtres soient dispersés ; sentiment naturel à l'homme, il comprend qu'il y a une solidarité entre lui et son passé : dans ces œuvres du passé, ces monuments, ces débris, quelque différence qu'il y ait entre le présent et le point de départ, il reconnaît le germe de l'esprit qui l'anime lui-même, les progrès qu'il a faits, les transformations qu'il a subies ; il s'intéresse à ces hommes d'autrefois, parce que ce sont ses aïeux ; il sent palpiter quelque chose en lui qui est une partie de leur âme et de leur vie !

XV

Paysages.

Tandis que les villes situées dans les montagnes du Centre, les montagnes Noires et les monts d'Arrée, ont le mieux gardé les vieilles traditions, et qu'il n'est pas de bourgs plus complétement bretons que le Faouet, Gourin, Carhaix, Pleyben, etc., les villes de la plaine perdent au contraire, de plus en plus, le caractère national ; à mesure que l'on s'avance vers l'est, elles ont une physionomie moins accusée ; on marche de désenchantement en désenchantement.

Qu'est-ce, en effet, que Napoléonville, Redon, Ploërmel ? Les partisans de l'ancienne royauté nomment Pontivy la ville que ceux de la société nouvelle appellent Napoléonville. Les uns et les autres ont raison, mais bien plus les seconds. Il y a là deux villes juxtaposées : la vieille, à rues étroites, à maisons anciennes, et la nouvelle, accolée à la vieille, et dont les longues et larges rues annoncent la ville moderne; la vieille a son château démantelé, que personne n'habite, et dont les pierres s'écroulent une à une; la nouvelle, ses vastes casernes toutes retentissantes du bruit des chevaux et des clairons, et bordées par le canal qui apporte les marchandises, les produits du commerce, le mouvement de la vie moderne ; Pontivy se transforme chaque jour un peu pour devenir Napoléonville.

Redon, au premier aspect, a quelque chose de plus breton. Ses vieilles églises, dont une surtout, vaste basilique romaine, ne le cède en rien aux plus remarquables églises de Bretagne, son antique halle supportée par des piliers à base du xie siècle, rappellent d'abord les vraies cités bretonnes du Finistère; mais on est bien vite désabusé. Par la Vilaine, large ici et profonde, les navires, après avoir passé à toutes voiles sous le pont de la Roche-Bernard, jeté entre deux rochers à deux cents pieds au-dessus de l'eau, arrivent de la mer jusqu'à Redon. Un ancien proverbe disait que, chaque siècle, Rieux, ville voisine, irait diminuant et Redon grandissant. La prédiction s'est accomplie : Rieux n'est plus qu'un bourg sans importance; Redon, pour les besoins de son commerce sans cesse accru, a construit des quais, creusé un large bassin, bâti de vastes magasins. Par Nantes, il est en rapport avec le centre de la France; par la mer, avec les ports de l'Europe entière. Il sera bientôt, comme tous les ports, cosmopolite.

Ploërmel a davantage encore cet aspect indécis qui semble indiquer l'indifférence de race et de caractère. Un musicien célèbre a placé le sujet d'une de ses œuvres à Ploërmel, et a voulu peindre la Bretagne dans une fête patronale de Ploërmel. S'il eût connu la Bretagne, il aurait su que nulle part le génie breton n'est moins marqué : on n'y parle pas breton ; le costume n'a rien de breton ; les mœurs ne se distinguent pas des mœurs de l'intérieur ; Ploërmel n'a même pas de véritable Pardon. C'est une petite ville monotone, sans animation, telle qu'on en rencontre partout en province. Ce n'est presque plus la Bretagne, c'est déjà la France.

Il reste pourtant quelques débris : c'était là jadis le cœur de la Bretagne ; on est près de Josselyn, de Guéménée, du champ du combat des Trente. Josselyn est la demeure d'un des derniers Rohan : beau château, avec ses deux façades dissemblables, les grosses tours sur la rivière, et la gracieuse et légère décoration de la façade de la cour, marquant, chacune à sa manière, la force qui appartenait aux anciens chevaliers de la féodalité et l'élégance des grands seigneurs de la monarchie. Ce palais a encore un grand aspect, mais avec un air de morne tristesse : la couleur grise du temps donne à ses murailles une teinte mélancolique, comme la couleur plus pâle de la vieillesse qui commence s'étend sur un beau visage. Qu'est devenue la splendeur de cette maison? où sont les princes de cette fière et illustre famille, les Soubise, les Guémenée, les Montbazon ?

Au pied du château coule une rivière, ou plutôt un canal qui, ici, s'unit à la rivière, participant ainsi du cours d'eau créé par Dieu et du fossé creusé par l'homme, alliant à la courbe indépendante de la rivière capricieuse la ligne droite et raide du canal industriel.

Voilà que commence l'automne : le ciel a pâli, sa voûte immense est toute couverte de petits nuages; pas un souffle de vent ne les pousse; son dôme semble frappé d'une immobilité éternelle. La rivière, unie comme une glace, reflète en traits arrêtés les longs peupliers qui bordent ses rives; ils s'alignent comme une armée, un léger frisson court sur leur cime sans la faire plier, et ce murmure continu qui se prolonge finit par emplir, comme une grande voix, la nature entière. Dans cette universelle paix, quelques bruits lointains traversent les airs; une paysanne qu'on n'aperçoit pas chante sa chanson, dont une note triste termine le refrain; les batteurs suspendent et recommencent leurs coups cadencés; sur le sol sonore, les fléaux lourdement retombent; à leurs coups pesants, on dirait la plainte de l'homme qui gémit de ne pouvoir quitter la terre qui le retient.

Le soleil ne paraît pas dans le ciel; le bleu éclatant a fait place à une lumière terne; ce n'est pas la froide clarté de l'hiver, ce n'est plus la chaude transparence de l'été : pas d'oiseau qui chante, pas d'insecte qui murmure ; une paix solennelle s'étend sur les cieux, la terre et les eaux ; la nature s'enveloppe dans un calme puissant ; elle semble, rêveuse et étonnée, se reposer d'avoir produit tous ses fruits. Ainsi l'homme, dont Dieu a touché un moment le front, après qu'il a versé ses pensées, s'arrête et demeure immobile, les yeux fixés sur un point invisible, et comme suivant dans l'air l'ange fugitif qui l'inspira.

A quelques lieues de Josselyn s'étend, sur la pente d'une colline, Guémenée, vieille petite ville qui n'est guère formée que d'une rue, et la rue de vieilles maisons à pignons-aigus qui n'ont pas bougé depuis des siècles, puis un château à demi ruiné et revêtu de lierres ; c'est une des dernières images que l'on emporte de la Bretagne, avec le souvenir du grand nom de Rohan.

La pluie serrée tombe sur la terre sèche avec le bruit d'un bois qui se casse en craquant. La vallée est comme recouverte d'une gaze ; les arbres, au loin, ont perdu leurs couleurs, et la colline confond sa ligne indécise avec le ciel abaissé ; la voûte du ciel est changée en une vaste coupole de plomb, et dans le cercle entier de l'horizon la pluie descend à grand bruit, abondante comme les pleurs qui s'écoulent de l'œil de l'homme, quand il s'affaisse, abattu par un coup que la douleur enfonce avant dans son cœur.

Puis tout à coup, les nuages, ayant laissé échapper leur charge, s'enlèvent et se dissipent en tous sens, argentés par le soleil pâle : en quelques instants, le voile de vapeurs, déchiré en mille pièces, s'évanouit, et la vallée reparaît et s'étale, fraîche, resplendissante, éclairée ; ses plans, doucement inclinés, se dessinent d'un trait net dans un air clair, et toute chose reprend sa place et sa couleur : les toits de tuile rouge éclatent à travers les peupliers d'un vert tendre, les champs de chaume s'encadrent, comme d'une bordure, dans une rangée d'arbres au feuillage presque noir ; tout alentour, les collines montent en amphithéâtre jusqu'au ciel ; en un endroit, elles se rompent, et à travers la brèche s'ouvre une campagne qui fuit dans un lointain infini, où le regard s'attache, et où il poursuit l'insaisissable et l'inconnu, comme dans la vie le cœur dédaigne l'heure présente et attend l'avenir qu'il ne possédera peut-être pas.

Et maintenant, marchant à travers ce pays de landes et de terres à demi cultivées, entre Ploërmel et Josselyn, à moitié chemin à peu près, vous rencontrez une barrière qui sépare de la route un massif de pins. Là était jadis le *chêne de Mi-voie ;* vous êtes au champ du *combat des Trente !* Là un poëte voulait que l'on dressât un monument brut comme les rochers de la vieille terre, rude et durable : trente blocs de pierre, trente statues taillées à grands coups ; corps solides, le casque en tête et l'épée à la main, couverts de fer et changés en granit. Alignés sur leurs piédestaux carrés, rangés en bataille, à leur fière attitude, à leur fermeté inébranlable, on eût reconnu les trente vainqueurs bretons ;

ils seraient comme les témoins indestructibles de l'héroïque histoire, de la foi et des fortes mœurs d'un vieux peuple.

Mais ces épiques projets ne germent plus que dans quelques têtes bretonnes : les pensées de la multitude sont emportées vers des soucis plus pressants : qui attache tant d'importance, parmi nous, au triomphe de trente Bretons du xive siècle? Un obélisque où s'effacent chaque jour les noms qui y sont écrits, c'en est assez pour une gloire qui ne nous touche plus : cette plantation d'arbres verts qui ne durent qu'un temps, marque l'esprit de l'époque qui produit hâtivement et qui veut jouir vite, sans s'inquiéter de la durée.

Des vents inaccoutumés et vifs s'élèvent que ne connaissait pas l'été; leur souffle constant agite les feuilles des arbres. D'abord les arbres ne semblent pas changés, ils sont verts encore; mais peu à peu ils prennent une teinte plus froide, les feuilles pâlissent, puis jaunissent; une couleur de rouille s'étend sur quelques-unes, comme un demi-deuil qui se prépare; la vie s'en va par leurs extrémités, comme le sang d'un homme qui coulerait par tous les pores; la fin de l'année est proche; la nature, lentement et invinciblement, accomplit son œuvre; ces grands vents marquent le feuillage pour la mort.

Bientôt ces vents deviennent plus forts ; ils secouent violemment les hautes cimes des arbres, qui se balancent alternativement à droite et à gauche, comme un pendule oscille au coup qui l'ébranle. La condition des arbres est l'image de celle de l'homme. Ce coup, c'est le premier avertissement de Dieu à l'homme ; il se sent secoué dans sa force, il n'a plus les pieds fermement posés à terre, une faiblesse intérieure s'est glissée dans ses os, et il hésite pour la première fois. Les arbres ne sont pas tout d'un coup dépouillés ; il faut plusieurs semaines, plusieurs mois pour que leur ruine soit entière. Le vent d'automne arrache quelques-unes de leurs feuilles, puis il passe dans le feuillage éclairci comme par des brèches, et ces brèches une fois ouvertes, ce n'est plus une à une, c'est par bandes, par masses qu'il les entraîne. Et ces dépouilles, à mesure aussi, deviennent plus laides et plus hideuses : les premières feuilles étaient jaunies, les dernières sont fanées, flétries, presque en poussière. Ainsi de l'homme : après que les années de son été ont donné leur moisson, le vent du tombeau se lève ; comme les feuilles des arbres, une à une ses facultés pâlissent ; elles tombent l'une après l'autre, ses sensations vives et ses impressions frémissantes ; il voit se détacher de lui et comme s'écrouler à ses pieds ses parties les plus nobles ; son intelligence, son corps, son cœur, tout est frappé dans sa beauté ; tout ce qui faisait sa force s'envole.

Cependant ces grands vents, roulant sur les arbres, élèvent des bruits nouveaux, des murmures qui se prolongent, des sifflements brusquement arrêtés, des sons plaintifs : et ces bruits, ces murmures ont une gravité jusqu'alors inconnue ; on les écoute avec une tristesse rêveuse et muette. C'est la grande mélancolie de la vieillesse, le silence, les méditations, les retours, les souvenirs : l'homme entend derrière lui le flot de sa vie écoulée; il approche du sommet de la colline où son horizon finit, et où, le sol se rompant tout à coup, il va commencer un autre voyage dans un pays qu'il ne voit pas, et où nul ne le verra.

Mornes paysages de l'automne, tristesse solennelle de la vieillesse, changement qui se précipite et dont le dénoûment est inconnu, voilà l'image de l'antique Bretagne, de la Bretagne qui s'en va.

APPENDICE

I

Nous donnons ici quatre légendes bretonnes, recueillies dans le Morbihan et le Finistère, et qui feront connaître l'esprit du pays où elles sont nées. *La Lande de Lanvaux* et *la Cathédrale* sont extraites du livre de M. le docteur A. Fouquet, intitulé *Contes, légendes et chansons du Morbihan* ; la légende de *Saint Christophe* a été publiée par M. du Chalard, et celle du *Chêne de la Laita* par M. du Laurens de la Barre, dans la *Revue de Bretagne et de Vendée*.

LA LANDE DE LANVAUX.

Des bords de l'Ars aux rives de la Claie s'étend une immense plaine, où le voyageur ne saurait trouver une ombre contre le soleil, un abri contre le vent, un refuge contre la pluie. Les pieds n'y foulent que des bruyères desséchées et des ajoncs rabougris ; l'oreille n'y entend que les cris plaintifs des vanneaux et les chants stridents des grillons ; l'œil n'y découvre que des rochers brisés et des blocs bouleversés sur les sommets pelés de ce désert.

Là, point de ruisseau qui serpente et qui murmure, point de source qui filtre sous des gazons fleuris, point de lac azuré qui réfléchisse un feuillage ombreux, mais des marais fangeux dans les bas-fonds, des fondrières boueuses sous des herbes raides et sombres, un étang aux eaux rouillées dont les tristes bords n'ont pas un arbre, pas une fleur, pas un glayeul.

Un jour que j'étais assis rêveur au pied d'un menhir mutilé et que j'embrassais du regard le vaste et lugubre horizon qui s'étendait devant moi, un jeune pâtre, abandonnant son maigre troupeau, vint, avec la douce familiarité de l'enfance, s'asseoir près de moi, et, sans craindre d'être indiscret, me dit : « — Savez-vous, Monsieur, pourquoi la lande de Lanvaux est si nue, et pourquoi les pierres y sont toutes brisées ? — Non, mon enfant, répondis-je ; mais le sais-tu, toi ? — Oh ! oui, Monsieur, ma grand'mère, qui est bien vieille et qui sait bien des choses, m'a dit comment cela est arrivé. — Eh bien, raconte-moi, petit, ce que ta grand'mère t'a appris.

« — Il y a bien longtemps, bien longtemps, que de Molac à Pleucadeuc, on comptait bien des villages sur cette lande : un de ces villages, entouré de courtils et de vergers, s'élevait là où vous voyez l'étang de Coëtdelo.

« Un jour saint Pierre et saint Paul, qui voyageaient sur la terre pour voir comment allait le monde en ce temps-là, arrivèrent à ce village par une pluie battante, et trempés jusqu'aux os. Ils étaient pauvrement vêtus, portaient sur l'épaule des bissacs pour serrer le pain de la charité, et tenaient en main des bâtons pour se défendre des chiens.

« Les deux saints allèrent heurter à la porte de la plus belle maison du village, demandant à entrer pour sécher leurs habits au feu de la cuisine; mais cette maison appartenait à M. Richard, qui était un ladre et un méchant. M. Richard ouvrit lui-même sa porte, mais, loin de faire entrer les saints comme ils le demandaient, il les menaça, s'ils ne s'en allaient au plus vite, de lâcher son chien sur eux. Les deux saints s'enfuirent jusqu'à l'autre bout du village, e cette fois ils allèrent frapper à la porte de la plus pauvre cabane.

« Dans cette cabane logeait le bonhomme Misère, qui, les voyant trempés de pluie, les reçut avec bonté, les fit asseoir à son foyer, alluma le plus promptement possible un fagot de bois mort ramassé le matin même, et leur servit promptement du lait aigre et quelques bribes de pain noir, qu'il avait obtenus en mendiant, car il était vieux, infirme, et ne pouvait plus travailler.

« Quand le bois fut tout brûlé et le pain tout mangé, saint Pierre dit à Misère : « Tu es un brave homme ; tu nous as donné tout ce que tu avais reçu, et ta charité a été bien faite, car elle a été faite de cœur et toute pour Dieu. Que ta foi soit égale à ta charité ; forme un souhait et il sera accompli. » A ce langage, et surtout à l'odeur de sainteté qu'ils répandaient, Misère reconnut deux hôtes du paradis, tomba à genoux et leur dit : « Je ne possède au monde qu'un pommier, dont les fruits me sont volés chaque année pendant que je vais recueillir des aumônes. Comme ces fruits sont le seul bien auquel je tienne ici-bas, accordez-moi que tout ce qui montera

dans mon pommier ne puisse en descendre sans ma per-
mission, et vous aurez fait pour moi mille fois plus que
je n'ai fait pour vous. — Que ton désir soit satisfait ! »
dirent saint Pierre et saint Paul, et tous deux disparu-
rent.

« A l'automne suivant, le pommier de Misère était
chargé de beaux fruits, que le bonhomme, cette fois,
comptait bien manger seul ; mais un matin qu'il sortait
de sa cabane, et qu'il jetait les yeux sur son arbre pour
voir si les pommes étaient bonnes à cueillir, il aperçut
M. Richard pris dans les branches, et faisant d'inutiles
efforts pour descendre : « Comment ! s'écria Misère, c'est
vous, Monsieur Richard, qui avez tant de biens et qui
volez encore les fruits du pauvre !... Eh bien ! tout le monde
va savoir que vous êtes un voleur.... » Et aussitôt le bonhomme courut appeler tous les gens du village. Tous accoururent, et crièrent *haro* sur M. Richard, détesté à
cause de son avarice et de sa méchanceté.

« M. Richard, honteux et confus, priait, suppliait Misère de l'aider à descendre, promettant de lui payer tous
les fruits qu'il lui avait pris, et de lui donner encore une
belle somme ; mais le bonhomme le laissa tout le jour s'a-
giter et se démener en vain dans l'arbre, et la nuit venue,
il le lâcha, en lui disant : « Allez, Monsieur Richard, je
ne veux rien de vous ; mais n'y revenez plus, car cette fois
vous n'en sortirez pas. »

« Un jour que Misère, était bien malade, la Mort se présenta à lui tout à coup et lui dit de sa plus grosse voix :
— Allons, Misère. il faut me suivre ; es-tu prêt ? — Vous
savez bien, répondit le bonhomme, que je suis toujours
prêt à vous suivre, car je n'ai rien à emporter de ce monde

et rien à y laisser ; mais, cependant, il n'est âme qui n'ait un désir ou un regret en quittant ce monde, et j'ai un service à réclamer de vous. Vous êtes si bonne que vous ne refuserez pas de me le rendre, d'autant plus que pour me satisfaire, il vous faut peu de temps et encore moins de peine.... Vous voyez, près de ma porte, ce beau pommier qui a de si beaux fruits, je voudrais bien manger une de ces pommes ; seriez-vous assez complaisante pour m'en cueillir une ? — Qu'à cela ne tienne ! dit la Mort, je veux, au moins une fois, être agréable à quelqu'un et plus à toi qu'à tout autre. — Et la Mort, sans défiance, monta dans le pommier. Mais, quand elle voulut descendre, ça lui fut impossible : elle eut beau faire des efforts à ébranler l'arbre, elle eut beau prier, hurler, grincer, se tordre, rien n'y fit, et la mort fut forcée de reconnaître là une main plus puissante que la sienne.

Il fallut bien recourir à Misère, qui riait de la Mort et faisait la sourde oreille à ses cris. «—Ah ! bonhomme ! lui dit-elle, laisse-moi partir ; j'ai tant de besogne à faire que je n'ai pas de temps à perdre. — Bien, bien ! dit Misère, si vous êtes pressée, moi je ne le suis pas. — Mais, dit la Mort, je te promets de t'épargner cette fois, et, si tu me rends la liberté, je te laisserai vivre dix ans encore. — Ce n'est pas assez, je veux vivre jusqu'au jugement dernier. — Eh bien ! soit ; que Misère dure jusqu'à la fin des temps ! »

« Et la Mort furieuse s'élança du pommier la faulx en main, et dans sa rage frappa les hommes, les maisons, les arbres, les pierres ; et Misère resta seul sur cette terre désolée !... »

LA CATHÉDRALE.

Un soir d'hiver, un honnête gantier de la rue de Saint-Guenhaël revenait de la place Mainlière, à Vannes, où il avait donné ses soins à un tailleur de ses amis qui s'en allait mourant. Comme il passait devant la cathédrale, dont les portes n'étaient point encore fermées, il voulut, avant de regagner sa demeure, prier pour l'objet de son affection et de ses inquiétudes, et, dans cette intention, il pénétra dans l'église et alla s'agenouiller au fond d'une des chapelles latérales.

A cette heure avancée, il y avait peu de fidèles dans le saint temple, l'obscurité y était presque complète, et le plus profond silence y régnait. Fatigué de plusieurs nuits de veilles, le bon gantier ne tarda pas à s'endormir, et si profondément, qu'il n'entendit ni la voix des cloches tintant l'*Angelus*, ni le bruit des clefs agitées par les bedeaux avant la clôture des portes, et se trouva ainsi enfermé dans la cathédrale.

A la douzième heure de la nuit, le gantier transi de froid se réveilla enfin, et jetant autour de lui des regards surpris, il eut quelque peine à se rendre compte du lieu où il se trouvait ; mais bientôt l'étrange spectacle qu'il eut sous les yeux lui rendit la mémoire ; car, au pied de l'autel près duquel il s'était endormi, un prêtre, revêtu d'une chasuble noire, à large croix blanche, était debout, prêt à commencer une messe, et sur l'autel, couvert d'un drap noir lamé de blanc, vacillaient les pâles clartés de deux bougies ornées de têtes de morts et d'os croisés en sautoir.

Quoique préoccupé de sombres pensées, et fort ému de cette scène lugubre qui le surprenait tout à coup, le gantier remarqua qu'il n'y avait point de répondant, et s'apprêta à lui servir lui-même la messe. Il alla se mettre à genoux aux pieds du prêtre, sur lequel il jeta furtivement un regard.

O terreur !!! ce prêtre était un squelette aux os sans chair, aux orbites creuses et vides !....

Éperdu, anéanti, le gantier tomba sans sentiment la face contre terre, et ce ne fut qu'à l'*Angelus* du matin qu'il reprit connaissance et regagna sa demeure.

Mais au sein même de sa famille qui l'entourait de soins, il restait toujours sombre et taciturne. Le sourire n'approchait jamais de ses lèvres, et jamais sa bouche n'avait de douces paroles pour sa compagne, de tendres baisers pour ses enfants. La nuit même, le repos ne visitait plus sa couche, et quand la fatigue lui apportait le sommeil, ce sommeil était plus laborieux que ses pénibles veilles, traversé qu'il était de terreurs incessantes sur lesquelles son intelligence troublée n'avait aucun empire. Pour sauver sa raison et tenter de rendre un peu de calme à son âme, le malheureux gantier résolut enfin de recourir au prêtre chargé de la direction de sa conscience, et de lui révéler la cause de ses terribles émotions.

« Pourquoi, mon fils, lui dit le prêtre, abandonner ainsi votre âme à des terreurs qui sont peut-être le fruit d'une erreur des sens, et qui, si elles sont les effets d'une effrayante réalité, doivent être sérieusement approfondies, car le démon vous a tendu un piége dans cette nuit dont

14.

le souvenir vous tourmente, ou Dieu lui-même vous a choisi pour être l'instrument d'une sainte expiation, d'une réparation nécessaire. Il faut donc, mon fils, dans le double intérêt de votre salut temporel et de votre salut éternel, aller attendre, dans la même chapelle et à la même heure, l'apparition qui vous a tant épouvanté.

— Hélas ! mon père, répondit le gantier, n'imposez pas à ma faiblesse une épreuve qui me tuerait...

— Sans doute elle vous tuerait, reprit le prêtre, si vous tentiez de la subir armé de la seule raison, mais vous le savez, mon fils, la foi rend invincible, et la prière est la plus sûre de toutes les armes ; priez donc et croyez !... et si le spectre vient encore à vous, interrogez-le au nom du Dieu vivant ; qu'il dise ce qu'il veut et au nom de qui il vient.... Allez, mon fils, je vous absous, que Dieu vous soutienne !... »

Le soir même, fort dans sa foi, mais faible dans sa chair, le gantier se rendit à 'église, s'agenouilla dans la même chapelle et se fit enfermer encore, mais cette fois il ne s'endormit pas ; il pria jusqu'à l'heure attendue avec impatience et pourtant redoutée.

Au premier coup de minuit, les deux bougies s'allumèrent d'elles-mêmes ; l'autel se tendit de noir ; puis d'un pas lent et sourd, le squelette, revêtu de la chasuble de deuil, parut à l'entrée de la chapelle.

« Si tu viens au nom de Satan, s'écria le gantier d'une voix émue, retire-toi, fuis ce temple saint ; mais si tu viens au nom de Dieu tout-puissant, dis..... que veux-tu ?

— Écoute et crois, mon fils, celui qui vient au nom du Seigneur, murmura le spectre..... Voilà déjà bien des an-

nées, oh! des années bien longues pour ceux qui souffrent!
que chaque nuit, à la même heure, j'attends, à cet autel, un
chrétien qui me réponde une messe que j'avais promise,
quand j'étais au nombre des vivants et que je n'ai point
dite alors, par négligence d'abord, par oubli ensuite. Cette
négligence et cet oubli coupables ont eu des suites terribles, car ils ont pour longtemps fermé les portes du ciel
à l'âme de celui qui devait la dire, et aussi à l'âme de celui
pour qui elle devait être dite..... Sois béni, mon fils, toi
que Dieu a choisi pour être l'instrument du salut de
deux âmes!.............. Aussitôt le spectre et le gantier
s'agenouillèrent au pied de l'autel, et la messe des morts
commença ; mais quand le prêtre eut prononcé le *re-
quiescat in pace*, il disparut, et le gantier, jetant les yeux
vers la croisée, vit deux traînées lumineuses qui mon-
taient au ciel.....

Il essuya alors la sueur glacée de son front, attendit
dans la prière l'heure de l'*Angelus*, et quand il rentra dans
sa famille avec un doux sourire aux lèvres, il y rapporta
le calme et la joie, car son âme était complétement ras-
sérénée.

LÉGENDE DE SAINT CHRISTOPHE.

Saint Christophe, comme tout le monde le sait, était doué de robustes épaules; aussi, dans le temps jadis, lui avait-on confié l'emploi de passeur sur la rivière du Scorff. Un beau jour, Jésus-Christ arrive au bord de l'eau avec ses douze apôtres; Christophe s'empresse de les prendre dans ses bras et les transporte sur l'autre rive avec toute sorte d'égards.

« Voyons, dit Jésus-Christ, que désires-tu pour ton salaire?

— Demande le paradis, lui souffla saint Pierre à l'oreille.

— Laissez-moi faire, j'ai mon idée. Eh bien! Seigneur, puisque vous voulez me faire un don, ordonnez que tous les objets que je pourrai désirer soient forcés d'entrer dans mon sac.

— Je le veux, dit Jésus-Christ, mais à condition que tu ne demanderas jamais d'argent et seulement les objets dont tu pourras avoir besoin. »

Longtemps il en fut ainsi; le sac ne se remplissait que de pain, de fruits, de légumes, et souvent il se vidait au profit des pauvres; mais qui peut jurer de ne jamais succomber à la tentation? Un matin, Christophe, en passant dans les rues de la ville, s'arrêta devant la boutique d'un changeur; il eut tort, car la vue de toutes ces piles d'argent lui inspira de mauvaises idées : « Vois, lui disait *er milliguet* (1), tout ce que tu pourrais faire avec cet or ! Quand ce ne serait que pour rebâtir la chaumière des malheureux et leur rendre l'existence plus douce ; et dire qu'il te suffit d'un signe pour que tout cela soit à toi ! »

Christophe eut un moment de faiblesse, et l'argent passa dans son sac. *Petra faut tho* (2)? Ce n'était encore qu'un homme, et il n'était pas devenu saint, comme il le fut depuis. Aussi cette première faiblesse fut suivie de bien d'autres, et, tout en étant généreux pour le pauvre monde, il ne laissait pas que de goûter les charmes de la bonne chère et tout ce qui s'ensuit. Or, un jour qu'après dîner, il se reposait à l'ombre sur le gazon, vint à passer *er diaoul* (3), qui se mit à le narguer et à lui faire toutes sortes de sottes plaisanteries. Christophe n'était pas patient, les poings lui démangeaient, aussi fut-il bientôt debout et la bataille commença ; comme les forces étaient égales, deux jours dura la lutte, sans qu'on pût on prévoir la fin. L'herbe épaisse avait disparu sous leurs pieds, et l'on entendait au loin comme le bruit de deux marteaux tombant et retombant l'un après l'autre ; ils y seraient encore si Christophe ne s'était heureusement souvenu de son sac : « Ah ! *milliguet diaoul* (4), par la vertu de Notre-Seigneur, tu vas entrer dans mon sac. » Ce qui fut fait à l'instant, et aussitôt de bien lier les cordons sur son prisonnier qu'il jette sur ses épaules, en cherchant dans sa

(1) Le maudit.
(2) Que voulez-vous ?
(3) Le diable.
(4) Ah ! maudit diable !

tête comment il s'en débarrassera. Il passait près d'une forge où trois vigoureux compagnons battaient le fer rouge à grands renforts de bras. « Voilà mon affaire, se dit Christophe, » et s'adressant aux forgerons : « Tenez, leur dit-il, j'ai là un méchant animal dans mon sac. Il n'y a pas de vilains tours qu'il n'ait faits dans sa vie ; si vous voulez le forger jusqu'à ce qu'il soit réduit à l'épaisseur d'une pièce de six liards, je vous donnerai un écu. — Accepté ! » Et aussitôt, malgré les cris et les soubresauts du diable, on le forge et le reforge durant toute la nuit. Comme le jour commençait à poindre, on entendit une voix faible venant du fond du sac et qui disait :

« Christophe, Christophe, je me rends ; que faut-il faire pour sortir de là ?

— Me jurer obéissance quand je l'exigerai, et me laisser tranquille désormais.

— Je le jure.

— C'est bien, va-t'en, et puissé-je ne jamais te revoir ! »

A partir de ce moment Christophe changea tout à fait d'existence, il ne s'occupa plus que de bonnes œuvres, et quand les forces ne lui permirent plus de continuer à être le passeur du Scorff, il se retira dans un petit ermitage sur les ruines duquel a été bâtie la chapelle qu'on voit encore aujourd'hui. Là il vivait dans la prière et la pénitence, entouré des nombreux pèlerins qu'attirait sa réputation de sainteté. Cependant, lorsqu'après sa mort, il se présenta devant saint Pierre, qui, comme vous le savez, a les clefs du paradis, ce dernier, se souvenant qu'il avait jadis méprisé son conseil, ne voulut jamais le laisser entrer. Le pauvre Christophe, tout triste, s'en allait la tête basse, et dans sa distraction il prit l'escalier qui conduit à l'enfer.

Il descend ainsi un grand nombre de marches, et arrive enfin à une porte où se tenait un jeune homme de bonne mine qui l'engagea à entrer; mais Satan, qui passait par là, s'écria aussitôt: « Non, non, je le reconnais, renvoyez-le, il est trop fin pour moi ! »

Voilà donc Christophe qui remonte et se trouve de nouveau à l'entrée du paradis. On entendait au dedans une musique délicieuse qui augmentait encore son désir de pénétrer plus loin ; aussi s'approchant le plus possible :

« Monseigneur saint Pierre, quelle admirable harmonie vous avez là-dedans ! Si vous pouviez seulement entre-bâiller la porte, on en jouirait un peu du dehors. »

Le bon saint Pierre se laisse attendrir et fait ce qu'on lui demande ; mais aussitôt Christophe jetant son sac à l'intérieur entre et s'assied dessus en lui disant : « Je suis chez moi, vous ne pourrez plus me faire sortir. » On lui donna raison, et saint Christophe est depuis toujours resté dans le ciel, où la fin de sa vie lui avait d'ailleurs mérité une bonne place.

LE VIEUX CHÊNE DE LA LAITA.

En ce temps-là, il y avait au bourg de Clohars un jeune couple en promesse de mariage : on devait faire la noce le lendemain du pardon de *Toul-Foen* (1); c'est le joli pardon des oiseaux, qui a lieu en juin à l'entrée de la forêt, du côté de Quimperlé. Un soir que nos amoureux regagnaient leur village après avoir visité des parents dans la paroisse de Guidel, ils descendirent au passage de Carnoët pour traverser la rivière. Guern, le jeune homme, appela le batelier et dit à Maharit, sa fiancée, de l'attendre tandis qu'il irait allumer sa pipe chez son parrain dont la chaumière était voisine. Le passeur vint à l'appel : Maharit entra dans la barque, et fut surprise de la voir s'éloigner aussitôt du bord : croyant que le patron plaisantait, elle le pria d'attendre son cousin : — elle disait *son cousin* par précaution, car les bateliers sont *jaseurs* quelquefois; mais le bateau étant arrivé dans le courant, filait, filait toujours plus rapidement.

« Arrêtez, père Pouldu, arrêtez, s'écria la pauvre fille d'une voix suppliante; que dirait Loïc Guern d'une telle folie?... »

Vaines prières : le passeur, immobile, sans voix et sans regard, paraissait insensible, et la barque entraînée descendait toujours... toujours...

(1) *Toul-foen* signifie Trou de foin, ou Lieu des foins.

Maharit éperdue détourna la tête pour appeler son fiancé à son secours. Debout sur la rive assombrie, enveloppés de leurs suaires, elle vit des spectres se dresser et tendre les bras vers elle d'un air menaçant : c'étaient les femmes mortes de Commore, et l'on eût reconnu Triphine, au poignard dont le manche sanglant sortait de sa poitrine. Maharit poussa un cri de terreur, et tomba évanouïe au fond du bateau, qui disparut alors au détour de la rivière.

Guern en ce moment arrivait au passage; il appela la paysanne de tous les côtés, il attendit et appela encore; il interrogea le fleuve d'un regard anxieux, mais il ne vit rien, rien que l'eau paisible et sombre; il écouta longtemps et n'entendit rien, rien que le rossignol chantant sous la feuillée.

« Le bateau est déjà loin, bien loin d'ici, lui dit une vieille mendiante en se levant du milieu des joncs et des herbes touffues; — apparemment que la fille curieuse a regardé derrière elle et oublié de faire le signe de la croix en y entrant.

— Vous êtes folle, la mère, dit le paysan, que diable me contez-vous là? »

Et il s'en alla courir toute la nuit le long du rivage, comme une âme en peine, appelant à grands cris sa fiancée et le passeur tour à tour.

A l'aube du matin, Guern revint au village, il demanda Maharit à ses parents, à tout le monde; personne n'avait revu la jeune fille. Il passa les jours suivants à explorer tous les sentiers, à sonder tous les buissons de la forêt, sans découvrir aucune trace de sa *douce* envolée. Enfin, trois jours après, comme il s'était assis accablé de fatigue et de douleur, sur un rocher au bord de la rivière, il vit passer la vieille mendiante, qui lui adressa ces paroles :

« Eh bien ! *paour Guernik* (pauvre petit Guern), as-tu retrouvé Maharit, la jolie fille de Clohars-Carnoët?

— Hélas ! non, répondit le paysan les larmes aux yeux ; en savez-vous des nouvelles? O doux Sauveur! dites-le moi, car Maharit devait être ma *moitié de ménage.*

— Pauvre simple incrédule, je t'ai déjà dit qu'elle a regardé derrière elle dans le bateau, et pour cette raison le passeur l'aura conduite à la *plage des morts.*

— Où est donc cette plage maudite, reprit Guern, je veux y aller, dussé-je!....

— Ah ! c'est un secret, interrompit la vieille, c'est le secret du sorcier qui mène la barque de ce passage; mais tout sorcier qu'il est, ceux qui sont chéris de Jésus l'emportent sur lui, et les gens charitables sont bénis de Dieu... J'ai faim, Guern, j'ai bien faim : la charité, mon enfant!...

— Pauvre femme, dit le paysan, tenez, voici mon pain, car je n'ai pas faim, depuis que j'ai perdu Maharit.

— Merci, Guern, tu es un bon chrétien, et je vais te donner un conseil. Avant de t'embarquer dans ce bateau maudit, dont le patron s'est vendu au diable, il faut te munir d'une branche de houx que tu iras couper à minuit au village des *Korrigans*, dans la forêt, au-dessus de l'endroit appelé le *Saut du cerf;* tu tremperas cette branche dans le bénitier de la chapelle de Saint-Léger, qui protége les fiancés, et tu viendras ici pour passer l'eau.

— Que ferai-je ensuite, ma bonne mère?

— Quand tu seras embarqué, continua la vieille, prends garde de regarder en arrière ; tu diras ton chapelet, et lorsque tu seras rendu au trente-troisième grain, tu ordonneras au passeur, en lui montrant la branche de houx, de te conduire *vivant à la plage des morts.* Le sorcier tremblera à la vue du rameau bénit et t'obéira. »

Le paysan, plein d'espoir, suivit en tous points les conseils de la vieille mendiante, et un soir, muni de la branche de houx, cachée sous son habit, il se rendit au rivage de la Laita, grossie par un orage récent. Le batelier vint à son appel : en entrant dans la barque, Guern commença son chapelet ; mais, vers le milieu de la rivière, tout ému au souvenir de sa fiancée qu'il espérait revoir, il oublia ses prières et se pencha en dehors du bateau ; alors le chapelet échappa de ses mains tremblantes et tomba dans l'eau ; tout à coup des cris sauvages retentirent sur les rives, puis la barque, entraînée par le courant, dévia avec une rapidité effrayante.

Guern, cependant, se souvint de sa branche de houx ; il la prit à la main, et la montrant au passeur il lui ordonna de le conduire auprès de sa fiancée ; puis, sans attendre l'effet de cet ordre, l'imprudent frappa le sorcier de son rameau bénit. Celui-ci poussa un cri terrible, abandonna les rames et s'élança la tête la première dans l'eau profonde et noire. Quelques moments après, à la clarté de la lune, le paysan vit sortir de la rivière un chêne desséché dont le tronc, penché sur l'eau, demeura fixé au rivage entre deux rochers, à l'endroit où l'on voit encore aujourd'hui *le vieux chêne de la Laita.*

Guern, au désespoir, fit entendre de longs gémissements, et bientôt la barque alla se briser contre un rocher

vis-à-vis de Saint-Maurice. Le malheureux se sauva difficilement à la nage. — Depuis ce temps on vit à tous les
pardons de Clohars, de Saint-Léger et des environs, un
pauvre paysan, pâle et demi-nu, courir comme un possédé ; il disait à qui voulait l'entendre : « Conduisez-moi
sur la *plage des morts*. Jésus vous récompensera ! »

Et des larmes brûlantes coulaient de ses yeux ternes et
désolés.

II

Si l'on veut se faire une idée de la variété et de l'importance des questions traitées par l'Association bretonne, il suffit de parcourir le programme d'un des derniers congrès. Voici celui de 1857, tenu à Redon :

Première partie. — Archéologie.

I. Compléter et rectifier, s'il y a lieu, la statistique monumentale d'Ille-et-Vilaine :

1° Monuments celtiques.

2° Voies et établissements romains (villes, camps, villas, etc.).

3° Monuments religieux du moyen âge et de la Renaissance.

4° Monuments de l'architecture militaire des mêmes périodes.

5° Monuments civils, tels que bâtiments claustraux, beffrois ou horloges, maisons anciennes, etc.

6° Mobilier des églises.

7° Meubles et objets anciens existants soit dans les collections publiques, soit chez des particuliers.

II. Signaler spécialement les maisons anciennes de la province qui portent une date certaine, et en donner des descriptions ou des dessins.

III. Monographie historique et descriptive de l'abbaye et de l'église Saint-Sauveur de Redon.

IV. Monographie du château de Blain.

V. Recueillir tous les documents relatifs à l'histoire de la ville de Redon.

VI. Indiquer les meilleures mesures à prendre pour assurer la conservation de la chapelle gallo-romaine de Langon.

VII. La marche de l'architecture ogivale en Bretagne à ses différentes périodes d'origine, de développement et de décadence, concorde-t-elle, sous le rapport des dates, avec le mouvement architectural qui s'est opéré dans le centre et dans le nord de la France ?

VIII. Quelles données peuvent fournir l'histoire, la tradition et les monuments de toute sorte, statues, bas-reliefs, tableaux, gravures, vitraux, etc., pour la représentation des principaux personnages de l'histoire de la Bretagne ?

IX. Faire connaître les documents concernant les artistes bretons, architectes, peintres, sculpteurs, orfèvres, etc., depuis les temps les plus reculés jusqu'à nos jours.

X. Recueillir les inscriptions de l'antiquité, du moyen âge et de la Renaissance, existant en Bretagne et particulièrement dans l'Ille-et-Vilaine.

Deuxième partie. — Histoire.

XI. Comparer les différents systèmes auxquels a donné lieu jusqu'à ce jour l'émigration des Bretons insulaires dans l'Armorique.

XII. A quelle époque remonte l'origine des diocèses de Nantes, de Vannes et de Rennes ?

XIII. Déterminer, s'il est possible, le lieu précis de la naissance de saint Hilaire; existe-t-il quelques traditions relatives à ce grand évêque dans les environs de Redon, spécialement dans la paroisse de Blain ?

XIV. Rechercher, à l'aide des textes, des dénominations topographiques et des traditions, le lieu où se livra, en 845, la bataille de Ballon.

XV. Les principaux documents publiés ou mis en œuvre dans l'*Histoire de Bretagne* de dom Morin et dom Taillandier, ont-ils été l'objet d'une critique suffisante ?

XVI. Quelle valeur historique faut-il attribuer aux vers de Marbode sur la ville de Rennes et ses habitants ?

XVII. Recueillir les documents relatifs à l'histoire de l'agriculture et du commerce de la Bretagne.

XVIII. Recueillir les documents concernant l'histoire des chemins et canaux de Bretagne.

Nota. La classe d'archéologie consacrera l'une des journées à une excursion monumentale, dont le but sera déterminé dans une des premières séances du congrès.

III

Tout le monde connaît le *Barzaz-Breiz, chants populaires de la Bretagne,* publiés par M. de la Villemarqué. Nous en détachons une seule pièce, les *Fleurs de mai,* douce et touchante élégie, composée par deux jeunes sœurs paysannes, et traduite avec naïveté et grâce en vers français par M. Émile Grimaud.

« Un poétique et gracieux usage (dit M. de la Villemarqué), existe sur la limite de la Cornouaille et du pays de Vannes : on sème de fleurs la couche des jeunes filles qui meurent au mois de mai. Ces prémices du printemps sont regardées comme un présage d'éternel bonheur pour celles qui en peuvent jouir, et il n'est pas une jeune malade dont les vœux ne hâtent le retour de la saison des fleurs, si les fleurs sont près d'éclore, ou l'instant de sa délivrance, si elles doivent bientôt se flétrir. »

LES FLEURS DE MAI.

I.

Si vous aviez vu Jeff passer sur le rivage,
Avec ses yeux brillants, avec son frais visage,

Et vu Jeff au pardon danser, belle d'ardeur,
Vous en auriez été réjoui dans le cœur.

Mais de pitié votre âme aurait été pressée,
A voir la pauvre fille en son lit affaissée;

Le mal avait rongé ses membres affaiblis,
Et sa joue était pâle, oh! pâle comme un lis.

Ses compagnes venaient s'asseoir près de sa couche;
Or, elle leur disait, d'une voix qui les touche :

— « Mes compagnes, cessez, si vous m'aimez un peu,
De répandre des pleurs, cessez, au nom de Dieu.

« A la mort, vous savez, on ne peut se soustraire :
Dieu lui-même est bien mort, en croix, sur le Calvaire! »

II.

A la fontaine, un soir, j'allais puisser de l'eau,
Le rossignol de nuit chantait sur un rameau :

— « Voilà le mois de mai qui passe, et sur les routes
Voilà que des buissons les fleurs s'effeuillent toutes ;

« Les regrets sont moins vifs à l'aurore des ans :
Heureuses celles-là qui meurent au printemps!

« De même qu'une rose abandonne la branche,
Ainsi vers le tombeau la jeunesse se penche ;

« Avant huit jours passés celles qui vont mourir,
Des plus nouvelles fleurs on viendra les couvrir,

« Et du sein de ces fleurs, ouvrant de blanches ailes,
Elles s'élèveront aux sphères éternelles. »

15.

III.

Jeffik, le rossignol chantait hier au soir ;
Jeffik, ce qu'il disait, voulez-vous le savoir ?

— « Voilà le mois de mai qui passe, et sur les routes
Voilà que des buissons les fleurs s'effeuillent toutes. »

Lorsque la pauvre fille entendit cette voix,
Elle mit ses deux mains sur sa poitrine, en croix :

— « Pour que Dieu, votre fils, ait pitié de mon âme,
Je vais en votre honneur, Marie, ô sainte Dame,

« Je vais dire un *Ave*, pour que j'aille bientôt
Attendre auprès de vous mes compagnes, là-haut. »

La prière venait, — sur sa lèvre muette, —
A peine de finir, qu'elle pencha la tête :

Elle pencha la tête et puis ferma les yeux ;
Alors on entendit un son mélodieux :

Dans le courtil c'était le rossignol encore :
— « Heureuses, disait-il en sa langue sonore,

« Les vierges qu'au printemps le bon Dieu fait mourir,
Et que de fraîches fleurs on se plaît à couvrir ! »

IV

A la pièce charmante que l'on vient de lire, et que signerait un vrai poëte, nous en joindrons une autre d'un caractère différent, et où, à défaut de l'élégance du langage, dit le P. A. Martin (*Pèlerinage de Sainte-Anne d'Auray*), des marins bretons ont su laisser une empreinte de la mâle énergie de leur foi. C'est un cantique composé par des matelots de la paroisse d'Arzon qui eurent le bonheur d'échapper presque seuls au massacre de l'équipage, grâce à leur confiance en sainte Anne.

« Ce cantique, dont l'air caractéristique est de ceux que les peuples n'oublient jamais, est encore solennellement chanté par la paroisse entière, lorsque au jour anniversaire de la délivrance de ses anciens enfants, elle vient en pèlerinage renouveler à la sainte ses sentiments de reconnaissance et d'amour. »

CANTIQUE D'ARZON.

Sainte mère de Marie,
Par un miraculeux sort,
Vous nous conservez la vie
Dans le danger de la mort.

Avec actions de grâce,
Nous venons en ce saint lieu
Honorer en cette place
La sainte Aïeule de Dieu.

Sainte mère de Marie, etc.

Nous avons été de bande
Quarante et deux Arzonnois,
A la guerre de Hollande,
Pour le plus grand de nos Rois.

Sainte mère de Marie, etc.

Ce peuple de notre côte
Vint ici à grand concours,
Les fêtes de Pentecôte,
Implorer votre secours.

Sainte mère de Marie, etc.

Pendant que l'ordre nous mande
Qu'il nous falloit faire état
De voguer vers la Hollande,
Pour leur livrer le combat.

Sainte mère de Marie, etc.

Ce fut de Juin le septième,
Mil six cent septante et trois,
Que le combat fut extrême
De nous et des Hollandois.

Sainte mère de Marie, etc.

Les boulets comme la grêle,
Passoient parmi nos vaisseaux
Brisant mâts, cordages, voile,
En mettant tout en lambeaux.

    Sainte mère de Marie, etc.

La merveille est toute sûre
Que pas un homme d'Arzon
Ne reçut la moindre injure,
De mousquet, ni de canon.

    Sainte mère de Marie, etc.

Un d'Arzon changeant de place,
Un boulet vint à passer,
Brisant de celui la face
Qui venoit de s'y placer.

    Sainte mère de Marie, etc.

L'Arzonnois la sauvant belle,
Eut l'épaule et les deux yeux
Tout couverts de la cervelle
De ce pauvre malheureux.

    Sainte mère de Marie, etc.

De Jésus la sainte Aïeule,
Par un bienfait singulier,
Nous connaissons que vous seule
Nous gardiez en ce danger.

    Sainte mère de Marie, etc.

Par humble reconnaissance,
Nous fléchissons les genoux,
Adorant votre puissance
Qui a paru envers nous.

Sainte mère de Marie, etc.

Recevez toutes nos classes,
Pour tout le temps à venir ;
Sous l'asile de vos grâces,
Nul ne pourra mal finir.

Sainte mère de Marie, etc

V

Parmi les pièces de M. Stéphane Halgan frappées au vrai type breton, nous citerons particulièrement *les Crêpes* et *le Retour du Pardon :* on y trouvera des détails de mœurs du pays, en même temps qu'un spécimen du style vif, pittoresque et un peu âpre du poëte armoricain.

LES CRÊPES.

Dans le seigle ou dans le froment
  Aux fleurs légères,
Naissent tes fleurs, bleuet charmant ;
La paille ombrage obligeamment
  Ces étrangères.

Des colzas jaunis au printemps,
  Moissons superbes,
Les souffles d'avril palpitants
Courbent en flots d'or éclatants
  Les hautes gerbes.

Le trèfle a diverses couleurs,
. . . .

Mieux que toutes ces fleurs, celles que j'aime à voir,
A l'automne, ce sont les grappes de blé noir
          Balançant leurs fleurettes blanches ;
Le paysan joyeux, contemplant son labour,
Bravement mis, le cœur léger, se rend au bourg
          Pour les offices des dimanches.

Il se plaît à compter le nombre de setiers
Qui, la moisson battue, empliront ses greniers.
          Sous le vent du matin qui passe,
Sous le soleil qui jette à flots ses gais rayons,
Une senteur de miel, s'exhalant des sillons,
          Remplit sa poitrine et l'espace.

C'est ce blé sarrasin, aux triangles noircis,
Qui doit de l'an qui vient éloigner les soucis,
          Et nourrir toute la famille.
Eh ! oui, l'ami, qui vas tout le long des buissons,
Comme le beau reflet de ces blanches moissons,
          L'espérance en ton âme brille.

Tous les tiens mangeront des crêpes ; tous les tiens
Sans se gêner, en bons parents, en bons chrétiens,
          Pourront piocher à la gamelle ;
Et, bénissant le ciel qui lui fait ce présent,
Chacun prendra sa part au bassin reluisant
          Où la crêpe au caillé se mêle.

Le poëte, surpris par un orage, entre dans une chaumière, et assiste à la confection des crêpes :

Je voyais près de moi la servante au bras nu
    Faisant fumer la poêle.

La pâte s'étalait ; son flot moins transparent
    S'arrondissait en crêpe ;
Et le gâteau cuisait, cuisait — en susurrant
    Ainsi qu'un vol de guêpe.

Lorsque la crêpe était bien blonde d'un côté,
    D'une batte légère
Voici qu'un tour de main leste et précipité
    La tournait tout entière.

Les crêpes se pliant, s'entassant à foison,
    La maie en était pleine ;
Car c'est là l'aliment de toute la maison
    Pour toute la semaine.

L'orage s'éloignait, vers Quimper reporté,
    Roulement monotone,
Et, sous un ciel baigné de vapeurs, je quittai
    La chaumière bretonne.

Je rentrai dans ma barque. . . . .

Et dans ces grands vallons qui s'en viennent mourir
    Au bord des eaux superbes,
Voyant les sarrasins finissant de fleurir,
    Bientôt mûrs pour les gerbes,

Je demandais au ciel. . . . . . .

..... Que la sombre nue aux funestes lueurs,
        Planant sur la campagne,
Épargnât les blés noirs, les blés aux blanches fleurs,
        Ce pain de la Bretagne !

Voici le début de la pièce *le Retour du Pardon* :

LE VOYAGEUR.

Je vois d'où vous venez : bonjour, la brave femme ;
Pieds nus, bâton en main, votre fille avec vous ;
Vous venez de prier sainte Anne, notre Dame,
Qui tient plus sainte encor qu'elle sur ses genoux.
Bonjour ! ménagez bien votre monture blanche,
Car déjà vers la terre elle a le front courbé ;
Nous sommes à jeudi, mais ce n'est que dimanche
Que vous arriverez bien tard à Pont-l'Abbé.

LA FILLE.

Sont-ils donc des sorciers, ces messieurs de la ville,
Pour voir d'où nous venons, où nous allons ainsi ?

LA MÈRE.

Savoir d'où nous venons n'est pas bien difficile,
Puisque c'était hier le jour de grand'merci,
Et que, de Pluneret à Quimper, la grand'route
Est couverte en entier de pèlerins lassés,
Qui viennent de quérir là-bas, quoi qu'il leur coûte,
Les pardons accordés à tous ces jours passés.

LE VOYAGEUR.

Savoir où vous allez est encor plus commode :
Les femmes de Quimper ont des fichus plissés
Et tout raidis au bleu ; je connais bien leur mode ;
Leurs coiffes vont au vent tant que c'en est assez.
Vous, sur un justaucorps qui ne va qu'à la taille
Vous cousez deux beaux rangs de galons couleur d'or ;
Autour de votre cou, sous ce gilet qui bâille,
Un autre plus étroit s'aperçoit bien encor.
Un ruban pareil tourne au bas de votre robe ;
Et d'un rouge cordon relevés avec goût,
Vos cheveux, que devant le bonnet nous dérobe,
Ressortent en arrière et chargent votre cou.
Je reviens du pays dont c'est là la coiffure ;
Je reviens de Kersaint et Tremeané.
Vous ne voudriez pas me tromper, je le jure : —
Dites, — vous qui riez, — n'ai-je pas deviné ?

V

Un fragment de la jolie pièce intitulée *Nos Buissons*
montrera avec quelles fraîches et jeunes inspirations
M. E. Grimaud a écrit le volume de poésies qu'il a si
justement appelées *Fleurs de Vendée.*

Voici la saison chérie :
L'épine noire est fleurie,
Saluez le gai printemps !

L'aubépine s'est couverte
D'une robe blanche et verte
Qui fait le vent embaumé,
Comme la déesse antique
Dont la robe balsamique
Laisse un souffle parfumé.

Que ton destin s'accomplisse,
Fleur de la ronce, calice
D'où sort ce fruit savoureux,
La mûre, la noire perle,
Pour qui l'enfant et le merle
Ont des regards amoureux.

O senteurs du chèvrefeuille,
Sucs que l'abeille recueille,
Que boivent les papillons !
O l'arome qui s'épanche
Du troëne à grappe blanche,
Ce lilas de nos vallons !

Le liseron court, s'enlace,
Et jamais il ne se lasse
De grimper, de festonner !
A voir sa cloche argentine,
Lorsque le zéphyr l'incline,
On pense : elle va sonner !

Le sureau dresse sa tige,
La demoiselle y voltige,
Sachant que son miel est doux ;
Le lézard vert dans la haie,
Au moindre bruit qui l'effraye,
Se glisse à travers les houx.

L'araignée industrieuse
Tend sa toile captieuse
Entre deux brins d'églantier ;
Plus fine que la dentelle,
D'un sylphe on dirait une aile
Dont il perdit la moitié.

Et plus bas maintes fleurettes
Découpent leurs collerettes
D'azur et d'argent et d'or :

— La primevère hâtive,
La violette craintive
Qui dérobe son trésor,

La véronique céleste,
Et la bruyère modeste,
Au calice délié ;
Le myosotis qu'on donne
A l'ami qu'on abandonne,
Pour n'en pas être oublié !

TABLE DES MATIÈRES.

www.ingramcontent.com/pod-product-compliance
Lightning Source LLC
LaVergne TN
LVHW020150030726
842520LV00003B/675